Themenzentrierte Interaktion

Cornelia Löhmer · Rüdiger Standhardt

Themenzentrierte Interaktion

Die Kunst,
sich selbst und eine Gruppe
zu leiten

pal

EZ

Die Deutsche Bibliothek — CIP-Einheitsaufnahme

Löhmer, Cornelia:
Themenzentrierte Interaktion : die Kunst, sich selbst und
eine Gruppe zu leiten ; [(TZI)] / Cornelia Löhmer ; Rüdiger
Standhardt. – 2. Aufl. – Mannheim : PAL, 1994
  (Therapieverfahren unserer Zeit)
  ISBN 3-923614-53-5
NE: Standhardt, Rüdiger:

Inhaltsverzeichnis

Einleitung

In den letzten zwei Jahrzehnten hat die Themenzentrierte Interaktion (TZI) nach Ruth C. Cohn in Mitteleuropa eine weite Verbreitung gefunden und ist heute eines der meistangewandten Gruppenarbeitsverfahren im Bereich der Humanistischen Psychologie und Pädagogik. Aufnahme fand TZI bislang vor allem in der Aus- und Fortbildung von Fachkräften in Pädagogik, Psychologie und Psychotherapie sowie in den Arbeitsfeldern Politik, Wirtschaft, Kirche und Verwaltung. Daneben wird TZI in der Supervision, aber auch in der Organisationsberatung eingesetzt, — kurz gesagt überall da, wo Arbeitsgruppen ihren Kooperations- und Kommunikationsstil verbessern wollen.

In dem vorliegenden Buch erfahren Sie, was sich hinter dem Namen „Themenzentrierte Interaktion" verbirgt. Wir erläutern das Anliegen der TZI und geben Informationen zur Entwicklung des TZI-Konzepts. In dem Kapitel über die Grundannahmen und Grundlagen der TZI widmen wir uns zunächst dem anthropologischen, ethischen und pragmatischen Fundament der Themenzentrierten Interaktion und stellen im Anschluß daran die Methodik in ihren einzelnen Elementen vor. In einem gesonderten Kapitel beleuchten wir TZI auf dem Hintergrund der Humanistischen Psychologie und Pädagogik. Ausführungen zum gesellschaftstherapeutischen Anliegen der TZI schließen sich an, und mit einer kritischen Würdigung der TZI beenden wir den theoretischen Teil des vorliegenden Buches.

Einen ersten Einblick in die konkrete TZI-Arbeit erhalten Sie durch Inge, die Hauptperson unserer Rahmengeschichte. Sie werden Inge in wichtigen TZI-relevanten Schritten auf ihrem privaten und beruflichen Weg begleiten. Inge ist dabei kein Prototyp des TZI-Menschen, vielmehr ist sie eine Frau, die von TZI gehört hat, die sich zu interessieren beginnt, einige Seminare besucht und sich schließlich für die Ausbildung zur TZI-Gruppenleiterin entscheidet. Möglicherweise haben Sie mit Inge den ersten Schritt gemeinsam: Sie haben von TZI gehört und wollen sich jetzt durch dieses Buch informieren, was TZI ist, wie sie wirkt und wo sie eingesetzt werden kann. Die Lektüre gibt Ihnen eine erste Orientierung, sie kann jedoch weder praktische Erfahrungen mit TZI noch ein weiterführendes Literaturstudium ersetzen. Entsprechende Adressen, einen Überblick über die TZI-Ausbildung sowie kommentierte Literaturempfehlungen finden Sie am Ende des Buches.

Wir bedanken uns bei Prof. Dr. Dietrich Stollberg und Stefan Andres, die das Manuskript aufmerksam und kritisch gegengelesen haben.

— 1 —
Was ist TZI?

Die Themenzentrierte Interaktion nach Ruth C. Cohn
ist ein Modell der Gruppenarbeit, das aus den Er-
kenntnissen der Psychoanalyse und den Einflüssen
der Gruppentherapie entstanden ist.

Lebendiges Lernen

Das zentrale Anliegen des pädagogisch-therapeutischen TZI-Konzepts ist das Lebendige-Miteinander-
Lernen. Darunter ist ganzheitliches Lernen zu verstehen mit dem Ziel, sich selbst und andere so zu leiten,
daß die wachstumsfreundlichen und heilenden, nicht
aber die stagnierenden und krankmachenden Tendenzen im Menschen angeregt und gefördert werden. Drei
Beispiele seien hier genannt: Es geht um Koopera-
tionsbereitschaft anstelle von destruktiver Rivalität,
Realitätssinn anstelle von persönlich oder gesellschaftlich bedingten Illusionen, Verantwortlichkeit
anstelle von vorschnellem Anpassungsverhalten.

Gesellschaftstherapeutisches Anliegen

Die TZI unterscheidet sich am deutlichsten von anderen psychotherapeutischen Verfahren durch ihr klares
gesellschaftstherapeutisches Anliegen. Daß diese so-
zial- und gesellschaftstherapeutische Dimension angesichts der ökologischen und nuklearen Bedrohung der
Welt, durch das Nord-Süd-Gefälle und den zuneh-

menden Fremdenhaß zwar gefordert ist, gleichwohl von anderen therapeutischen Verfahren vernachlässigt wird, macht das TZI-Konzept um so wertvoller und realitätsnäher.

Wertebasis der TZI

Die Wertebasis für das System der TZI sind drei feststehende Grundsätze (Axiome), die auf existentiell-anthropologische, ethisch-soziale und demokratisch-politische Zusammenhänge hinweisen. Aus den humanistischen Axiomen der TZI hat Ruth C. Cohn zwei existentielle Forderungen (Postulate) abgeleitet, die deutlich machen, wie die Axiome im alltäglichen Leben zum Ausdruck kommen können.

Bevor wir uns eingehender mit diesen Grundannahmen der TZI beschäftigen, ist es nötig, noch einiges zu den weiteren Anliegen der Themenzentrierten Interaktion anzumerken, insbesondere was das Verhältnis zwischen Sach- und Beziehungsebene, das pädagogisch-therapeutische Konzept, die Anwendungsmöglichkeit und das Zusammenspiel von Methode und Haltung bei TZI angeht.

Sach- und Beziehungsebene

Wer Erfahrungen mit Gruppen hat, sei es in der Erwachsenenbildung oder auch in der Gremienarbeit, weiß, wie oft die Favorisierung des Themas einer lebendigen Kommunikation in der Gruppe entgegensteht. Steht die Sachebene zu sehr im Vordergrund, kommen die einzelnen Gruppenmitglieder mit ihrer jeweils unverwechselbaren Persönlichkeit und Kompetenz zu kurz, und das Potential der Gesamtgruppe kann sich nicht entfalten. Im Unterschied dazu besteht in therapeutischen Selbsterfahrungsgruppen häufig eine Unausgewogenheit zugunsten der Beziehungsebene. Die emotionalen Anteile einzelner oder der Gesamtgruppe überragen eine sachliche Auseinandersetzung mit dem gemeinsamen Thema. In beiden Fällen ist das Verhältnis zwischen Sach- und Beziehungsebene aus der Balance geraten. Ein wesentliches Kennzeichen der Themenzentrierten Interaktion ist eben diese Gleichgewichtigkeit von Beziehungs- und Sachebene. Ist diese Beziehung ausgewogen, entsteht ein Klima, in dem die Lernenden sowohl in ihren kognitiv-rationalen als auch in ihren emotional-sozialen Fähigkeiten ernstgenommen und unterstützt werden.

Hilfe zur Selbsthilfe

Das pädagogische und therapeutische Konzept der TZI bezieht sich in erster Linie auf zeitlich begrenzte Verstörtheiten und Prävention, also Hilfe zur Selbsthilfe, und nicht auf psychische Störungen und Krankheiten. TZI wird daher auch als Breitentherapie bezeichnet, weil sie die wachstumsfördernden und heilenden Kräfte sowohl im Menschen als auch in der Gesellschaft anzuregen vermag. Das Ziel der TZI ist nicht die Aufarbeitung individueller Probleme, Wünsche und Anliegen der Teilnehmenden, sondern ein „Wachwerden" für die Möglichkeiten der Veränderungen in der Gegenwart. Der therapeutische Wert der TZI ist das Bewußtmachen unbewußter Konflikte, ohne daß die Ursache des Konfliktes durchgearbeitet wird. Solche unbewußten Konflikte werden in den Lernprozeß einer TZI-Gruppe miteinbezogen, indem die Frage nach dem „Was ist jetzt?" und „Wozu ist jetzt?", nicht aber die Frage nach dem „Warum ist jetzt?" gestellt wird. Die Leitenden lassen dann den betreffenden Menschen selbständig das finden, was er in der jetzt aktuellen Situation braucht. Es geht um eine Haltung des Wahrnehmens und Annehmens. Der Betreffende erlebt, daß er so sein darf, wie er ist, einschließlich seiner Störungen, Widerstände und Aufmerksamkeitsverschiebungen. In solch einer akzeptierenden Atmosphäre braucht die Gruppe keine falsche Aufmerksamkeit vorzutäuschen, und die Arbeit am Sachthema kann nach der Sichtbarmachung der Blokkierung meist um so intensiver fortgesetzt werden.

Sich-Selbst- und Gruppenleiten

Eine weitere Besonderheit der Themenzentrierten Interaktion ist ihre Anwendungsmöglichkeit auf Alltagsgruppen, z. B. Schulklassen, Wohngruppen, Vereine, Selbsthilfegruppen, Teams — kurz gesagt: TZI kann überall dort eingesetzt werden, wo Menschen miteinander in Kontakt stehen. Die Themenzentrierte Interaktion lehrt das Sich-Selbst- und Gruppenleiten und fördert ein vertieftes Verstehen von einzelnen Personen, deren Interaktion in der Gruppe, den Sachthemen und den jeweiligen Beziehungen dieser drei Faktoren zum aktuellen äußeren Umfeld. Eine TZI-Ausbildung ist also eine zusätzliche Qualifikation und kein Ersatz für eine didaktische, psychotherapeutische, theologische oder sozialwissenschaftliche Grundausbildung in den jeweiligen Praxisfeldern, in denen mit TZI gearbeitet werden kann. So ist beispielsweise TZI-Gruppenarbeit durchaus in der klinischen Psychotherapie einsetzbar, jedoch nicht ohne eine fundierte psychotherapeutische Ausbildung. Ebenso kann eine TZI-Gruppenleiterin nur dann TZI-gemäßen Physikunterricht geben, wenn sie auch Physiklehrerin ist.

Methode und Haltung

Die Methode und die Haltung gehören in der TZI untrennbar zusammen. TZI kann nicht rein methodisch verstanden werden, ohne eine entsprechende humanistische Grundhaltung. Diejenigen, die die Methode der TZI auswendig lernen, dogmatisieren und anwenden, ohne dabei aus einer menschenfreundlichen Haltung heraus zu handeln, degradieren TZI zu einer didaktischen Trickkiste. Umgekehrt ist die TZI-Haltung ohne die Kenntnis der Methode ebensowenig fruchtbar, weil die einseitige Betonung der humanistischen Grundhaltung nicht automatisch das nötige methodische Handwerkszeug hervorbringt. Die Kenntnis von den Grundmustern menschlichen Verhaltens und die Kenntnis von Gruppen- und Leitungsprozessen sind daher genauso wichtig wie eine humanistische Haltung zum Menschen.

Ganzheitlichkeit

TZI hat einen ganzheitlichen Ansatz und kann daher nicht allein durch ein theoretisches Studium und den Besuch von einigen TZI-Kursen erlernt werden. Es bedarf erfahrungsgemäß einer mehrjährigen Einübung in die Methode und Haltung der Themenzentrierten Interaktion.

—2—
Zur Entwicklung der TZI

Die Themenzentrierte Interaktion ist aufs engste mit dem Namen Ruth C. Cohn verbunden. Auf dem Hintergrund ihrer Biographie sind die philosophischen, psychologischen und pädagogischen Bezugspunkte der TZI unmittelbar zu verstehen. Daher geben wir im folgenden einige Informationen zum persönlichen Hintergrund Ruth C. Cohns, die für die Entwicklung des TZI-Konzepts ausschlaggebend sind.

Ruth C. Cohn wurde 1912 in Berlin in einer bürgerlichen jüdischen Familie geboren und studierte nach dem Abitur Literatur und Psychologie. Die Anfänge der Judenverfolgung erlebte sie 1933 nach der Machtergreifung der Nationalsozialisten in Berlin mit. Einen Tag vor dem ersten Boykott jüdischer Geschäfte, am 31. März 1933, floh sie in die Schweiz, wo sie in Zürich ihre Studien fortsetzte. Ihre langjährige Ausbildung in Psychoanalyse bildet die wesentliche Basis für ihre spätere persönliche und berufliche Entwicklung. Angesichts der Gewalttaten der Nationalsozialisten wurde es ihr immer unerträglicher, daß durch die psychoanalytische Praxis nur einer so begrenzten Zahl von häufig privilegierten Menschen geholfen werden konnte, und sie fragte sich, wie die Erkenntnisse „der Couch" mehr Menschen nützlich gemacht werden könnten. Auf dem Hintergrund der politischen Ohnmacht der Psychoanalyse und ihrem Interesse am Aufbau einer humanen Gesellschaft entwickelte Ruth

C. Cohn ihre politische Grundhaltung: „Ich glaube an Sozialismus, nicht aber an Gewalt und Diktatur des Proletariats. Ich dachte damals und denke heute, daß Revolutionen, die nur die ökonomischen und politischen Umstände und nicht die Menschen selbst in ihrer Haltung verändern, zwar die Umkehrung von oben/unten und unten/oben bewirken, nicht aber Armut und Ungerechtigkeit selbst. So verändern sich die Namen der Gewaltträger und der Unterdrückten, nicht aber die Phänomene der Gewalt und Hilflosigkeit." (1979)

Mitte der sechziger Jahre kristallisierte sich für Ruth C. Cohn nach vielen Jahren praktischer Arbeit in den Bereichen Pädagogik, Psychologie und Psychotherapie die Grundlage der Themenzentrierten Interaktion heraus. Ein Traum von Ruth Cohn spielte dabei eine entscheidende Rolle: „Eines Nachts (. . .) träumte ich von einer gleichseitigen Pyramide. Im Aufwachen wurde mir sofort klar, daß ich die Grundlage meiner Arbeit ‚erträumt' hatte. Die gleichseitige Traumpyramide bedeutete mir: Vier Punkte bestimmen meine Gruppenarbeit. Sie sind alle vier miteinander verbunden und gleich wichtig. Diese Punkte sind:

● die Person, die sich selbst, den anderen und dem Thema zugewendet ist (= Ich);

● die Gruppenmitglieder, die durch die Zuwendung zum Thema und ihre Interaktion zur Gruppe werden (= Wir);

● das Thema, die von der Gruppe behandelte Aufgabe (= Es);

- das Umfeld, das die Gruppe beeinflußt und von ihr beeinflußt wird — also die Umgebung im nächsten und weitesten Sinn (= Globe).

Ich überlegte, daß diese vier Punkte jede Gruppe symbolisieren; das heißt, daß es keine Gruppe gibt, die nicht durch diese vier Punkte definiert wird. Jedoch nirgends — weder in unseren Gruppen noch in der Literatur — fand ich diese Definition der Gruppe. Wichtig aber war mir vor allem die im Traum konzipierte Gleichseitigkeit der Pyramide, was bedeutet, daß die vier Punkte gleich wichtig sind. Und mit dieser Gleichgewichtigkeit von Ich-Wir-Es und Globe war die Gruppenführung mit TZI definiert." (1984)

Diese Grundstruktur der Gruppenarbeit bildet die Basis der TZI und wird seit 1966 in New York und seit 1972 in Europa in Ausbildungsinstituten vermittelt.

Von Anfang an hat die Themenzentrierte Interaktion für Ruth C. Cohn eine gesellschaftspolitische Dimension. Ihre Utopie ist die einer humaneren Gesellschaft, zu der die Menschen gelangen können, wenn sie sich ihrer individuellen und sozialen Strukturen bewußt werden und an einer Humanisierung dieser Strukturen arbeiten. In einer derartigen menschenwürdigen Weltordnung ist die Wiederholung einer politischen Katastrophe wie der des Nationalsozialismus undenkbar. Angesichts unserer derzeitigen globalen Krisensituationen unterstreicht Ruth C. Cohn die Aktualität und die Wichtigkeit des gesellschaftspolitischen Anliegens für eine pädagogisch-therapeutische Arbeit: „Ich fühle mich heute, in dieser Zeit, so wie ich mich 1932 in Deutschland fühlte, mit dem absoluten Bewußtsein: Wer nicht blind ist, sieht, was auf uns zukommt; und wenn wir jetzt nichts dagegen tun, wird es bald zu spät sein." (1989)

— 3 —
Inge — oder: Jede Geschichte hat ihre Vorgeschichte

„Ja, Peter, ich rufe dich heute abend ganz bestimmt an, das habe ich dir doch versprochen." Diesmal gibt sich der Fünfjährige mit der Antwort zufrieden, läßt jedoch seine Mutter nicht aus den Augen, die im Schlafzimmer mit Packen beschäftigt ist. „Du Mama, wenn du wiederkommst, bringst du mir dann auch etwas mit?" Inge, die gerade überlegt, ob sie noch ihr grünes Strickkleid mitnehmen soll, antwortet geistesabwesend „Ja, ja" und atmet erleichtert auf, als es klingelt. „Die Oma, die Oma!" ruft Peter und läuft zur Tür. Inge greift nach der vorbereiteten Tasche für Peter, legt noch seinen Teddybär obendrauf und folgt ihrem Sohn in den Flur.

Ein flaues Gefühl macht sich in ihrer Magengegend breit. Zum ersten Mal, seit Peter auf der Welt ist, wird sie sich für fast eine Woche von ihm trennen. Ein Gedanke, der ihr plötzlich ganz absurd vorkommt. Inge kämpft mit den Tränen, doch sie will ihre Entscheidung nicht mehr rückgängig machen. Die Kursgebühr ist bereits überwiesen, und der Arbeitgeber hat der Dienstbefreiung zugestimmt. Als erste aus ihrem Mitarbeiterteam an der Volkshochschule hat sie durchsetzen können, daß ihr ein TZI-Kurs als Bildungsurlaub anerkannt wird. Wenn sie jetzt absagt, waren ihre Diskussionen mit dem Chef umsonst, ganz zu schweigen von der Kursgebühr, die sie nun nicht mehr zurückerstattet bekäme. Die Stimme ihrer Mutter reißt sie aus den Gedanken. „Inge, meine Gute, laß dich erst einmal richtig begrüßen! Müde schaust du aus, hoffentlich kannst du dich in den nächsten Tagen ein bißchen erholen." „Aber Mutti, ich fahre doch nicht in Urlaub! Ich soll etwas lernen in dem Seminar, zum Ausruhen würde mich doch mein Chef nicht freistellen." „Na komm Inge, es wird nichts so heiß gegessen, wie's gekocht wird, genieß die Zeit ohne Peter und freu dich, daß du mal was anderes siehst. Übrigens, hast du auch Peters Badehose eingepackt? Es ist nämlich fürs Wochenende schönes Wetter angesagt." „Ans Schwimmengehen habe ich gar nicht gedacht", erwidert Inge und sucht nach der Badehose. „Ich glaube, sie ist noch bei den Sommersachen ganz oben im Schrank, da müßte ich jetzt alles umräumen." „Nein, laß mal, so viel Zeit ist nicht mehr, denn ich muß noch den Wochenendeinkauf machen. Außerdem könnte Peter sowieso eine neue Badehose brauchen — ich werde mich darum kümmern. Ich muß jetzt auch wirklich los, wir telefonieren heute abend. Mach's gut!" Peter drückt seiner Mutter noch einen dicken Kuß auf den Mund und verläßt mit seiner Oma die Wohnung.

Inge ist allein. Sie läßt sich auf ihr Bett fallen und zündet sich erst einmal eine Zigarette an. Peter ist bei ihrer Mutter in guten Händen. Er liebt sie, und die Großeltern haben extra alles so eingerichtet, daß sie sich die ganzen fünf Tage um Peter kümmern können. Eigentlich müßte Inge froh sein, daß alles so gut geklappt hat, und könnte sich bis zu ihrer Abreise noch etwas ausruhen. Doch statt dessen beginnt sie zu grübeln. Wieder einmal wird ihr schmerzlich bewußt, daß sie seit ihrer Scheidung vor knapp einem Jahr sehr allein ist. Im Grunde ihres Herzens kann sie die Trennung von Karl-Heinz immer noch nicht fassen. Inge läßt sich in die Kissen zurückfallen. Vieles in der Wohnung erinnert sie an Karl-Heinz. Genaugenommen hat sich bis auf das Fehlen seiner persönlichen Sachen nur wenig verändert. Die komplette Einrichtung war auf eben diese Wohnung abgestimmt, und so hatte Karl-Heinz lediglich das Werkzeug, die Stereoanlage und zum Ausgleich für Geschirr und Möbel das Auto übernommen.

Inge drückt ihre Zigarette aus und schaut sich um. Das Zimmer war zu einer kleinen Oase geworden, mit rankenden Pflanzen am Fenster, stilvollen Vogelbildern an der Wand und einer dezenten Beleuchtung. „Als ich noch mit Karl-Heinz zusammenwar", denkt Inge, „habe ich nur ganz selten geraucht, jetzt ist es zu einer richtigen Gewohnheit geworden." Früher wäre sie nie auf die Idee gekommen, im Schlafzimmer zu rauchen, dies hätte der vertraulichen Atmosphäre widersprochen, die dieses Zimmer für sie und Karl-Heinz einstmals ausstrahlte. Mit Wehmut erinnert sich Inge an die vielen schönen Stunden, die sie mit ihrem Mann hier verbrachte. „Es sind jetzt genau vierzehn Monate, die ich allein lebe", denkt Inge und steht langsam auf, um ihre restlichen Sachen zu packen. Viel ist nicht mehr zu tun, und so kann sie sich noch in aller Ruhe umziehen. Immer noch in einer nachdenklich-traurigen Stimmung steigt sie wenig später in ihr Auto ein.

Erst die Fahrt durch den dichten Frankfurter Stadtverkehr lenkt sie von ihren Gedanken ab, und nach eineinhalbstündiger Autofahrt erreicht sie die Tagungsstätte im Odenwald. Inge ist gespannt darauf, wie es ihr hier ergehen wird, und freut sich, Genaueres über die Themenzentrierte Interaktion zu erfahren.

— 4 —

Grundannahmen und Grundlagen der TZI

In diesem Kapitel widmen wir uns zunächst dem anthropologischen, ethischen und pragmatischen Fundament der Themenzentrierten Interaktion und stellen anschließend die Methodik in ihren einzelnen Elementen vor.

Axiome

Das System der TZI basiert auf drei unbeweisbaren, existentiellen Grundannahmen, den Axiomen. Die Axiome werden als humanistisch und ganzheitlich charakterisiert, denn sie machen menschliche Grundfragen bewußt und bringen eine wertgebundene Lebens- und Weltauffassung zum Audruck. Damit beschreiben die Axiome die wesentlichen Voraussetzungen für eine pädagogisch-therapeutische Arbeit und richten sich zugleich gegen die Anwendung von TZI als einer technischen Trickkiste. Die Axiome bieten eine wertgebundene Ausgangsbasis für humanes Handeln, gleichzeitig sind sie als ethische Forderungen richtungweisend.

Die einzelnen Axiome beziehen sich aufeinander, ihre Reihenfolge ist jedoch aus anwendungs- und handlungsbezogenen Gründen nicht auswechselbar. Im folgenden stellen wir die drei Axiome der TZI im originalgetreuen Wortlaut vor und fügen erläuternde Erklärungen an.

Existentiell-anthropologisches Axiom

„Der Mensch ist eine psycho-biologische Einheit und ein Teil des Universums. Er ist darum gleicherweise autonom und interdependent. Die Autonomie des einzelnen ist um so größer, je mehr er sich seiner Interdependenz mit allen und allem bewußt wird." In einer Ergänzung zum ersten Axiom heißt es weiter: *„Menschliche Erfahrungen, Verhalten und Kommunikation unterliegen interaktionellen und universellen Gesetzen. Geschehnisse sind keine isolierten Begebenheiten, sondern bedingen einander in Vergangenheit, Gegenwart und Zukunft."*

Das erste Axiom thematisiert zwei Grundaspekte des menschlichen Seins. Zum einen die Eigenständigkeit und Entscheidungsfreiheit des Menschen, zum anderen seine Verbundenheit mit den Menschen und darüber hinaus mit der gesamten Schöpfung. Die Wechselwirkung von Autonomie (Selbst- und Eigenständigkeit) und Interdependenz (Abhängigkeit und Allverbundenheit) gehört existentiell zum menschlichen Dasein. Das Verständnis für die Interdependenz und Autonomie des Menschen wächst in dem Maße, wie es gelingt, die reale Situation — einschließlich der Fähigkeiten und Abhängigkeiten der Teilnehmenden einer Gruppe — bewußt wahrzunehmen. Oder anders ausgedrückt: Je klarer die Abhängigkeiten von den äußeren Gegebenheiten und den inneren Mustern, Einstellungen und Haltungen erkannt und begriffen werden, desto größer wird die Entscheidungs- und Einflußmöglichkeit. Es ist somit eine der wesentlichen

Aufgaben für TZI-Gruppen, innerhalb der sozialen, zeitlichen und universalen Bezüge die eigene existentielle Situation zu entdecken.

Das Axiom „Autonomie und Interdependenz" beinhaltet auch die verschiedenen Zeitdimensionen. Die Ereignisse des Lebens sind nicht isoliert zu betrachten, sondern bedingen einander in Vergangenheit, Gegenwart und Zukunft. Das Hier-und-Jetzt der Gegenwart steht zwar im Vordergrund, aber es soll nicht einseitig überbetont werden. Vielmehr ist es stets im Zusammenhang mit den Erfahrungen der Vergangenheit und den Möglichkeiten der Zukunft zu sehen.

Ethisch-soziales Axiom

„Ehrfurcht gebührt allem Lebendigen und seinem Wachstum. Respekt vor dem Wachstum bedingt bewertende Entscheidungen. Das Humane ist wertvoll, Inhumanes ist wertbedrohend."

In diesem Axiom geht es um die Wert- und Sinnhaftigkeit des menschlichen Lebens und Handelns. Betrachten wir unsere Ausgangslage, so wird deutlich, daß ethische Werte der Menschlichkeit weder in der Geschichte noch in der Gegenwart genügend Wirkungskraft hatten, um den destruktiven gesellschaftlichen Kräften entgegenzuwirken. Es ist hier nicht der Ort einer detaillierten Analyse der geschichtlichen Entwicklung unserer Industriegesellschaft. Ein Aspekt soll deshalb genügen, um die Vorherrschaft destruktiver wirtschaftlicher und politischer Kräfte — wie sie sich in unserem Jahrhundert im Nationalsozialismus, aber auch in der atomaren und ökologischen Bedrohung zeigen — über ethisch-humanistische Werte zu charakterisieren: In unserer gesamten abendländischen Kultur werden Intellekt und Verstand einseitig gefördert, hingegen die emotionalen und körperbewegten Seiten des Menschen vernachlässigt und als nebensächlich betrachtet.

Das zweite Axiom erweist sich angesichts der angedeuteten Krisensituation als besonders bedeutsam, da es die Hypothese eines Werte-Sinns beinhaltet. Der Werte-Sinn dient der Bewußtmachung und der Förderung des Lebens und seiner universalen Verbundenheit und ist eine menschliche Fähigkeit, die eingeübt und — wie andere Sinne auch — entwickelt werden kann. Dies kann durch die Förderung der Gefühlsseiten geschehen, durch das Hineinwachsen in eine wertschätzende Umwelt und durch die ständige Auseinandersetzung um wertvolles und wertbedrohendes Handeln. Die Ganzheit des Menschen wird betont, es geht um die dynamische Balance zwischen linker und rechter Gehirnhemisphäre. Anerkennung und Einübung brauchen sowohl die emotionalen als auch die intellektuellen Seiten des Menschen — und vielleicht kann durch die Entwicklung und Förderung des Werte-Sinns ein Gegengewicht gegen die zunehmende Zerstörung der Welt geschaffen werden.

Pragmatisch-politisches Axiom

„Freie Entscheidung geschieht innerhalb bedingender innerer und äußerer Grenzen. Erweiterung dieser

Grenzen ist möglich. Freiheit im Entscheiden ist grö-
ßer, wenn wir gesund, intelligent, materiell gesichert
und geistig gereift sind, als wenn wir krank, be-
schränkt oder arm sind oder unter Gewalt und man-
gelnder Reife leiden." Die Ergänzung zu dem Axiom
lautet: *"Bewußtsein unserer universellen Interdepen-*
denz ist die Grundlage humaner Verantwortung."

Dieses Axiom bringt zum Ausdruck, daß es in jeder
Situation innere und äußere Grenzen gibt, die aber —
weil sie zeitgeschichtlichen Charakter haben — ver-
wandelt und verändert werden können. So mögen
menschliche Reaktionen auf eine bestehende Situation
zwar unterschiedlich sein, doch gleichgültig wie sie
aussehen, sie basieren immer auf einer Entscheidung.
Der Mensch kann seiner Freiheit und Verantwortlichkeit nicht entkommen, weil er sich nicht nicht verhalten und nicht nicht entscheiden kann. Ein Arbeitneh-
mer beispielsweise, der unter inhumanen Arbeitsbe-
dingungen leidet, kann sich dafür entscheiden, diese
hinzunehmen. Damit unterstützt er die bestehenden
Verhältnisse. Er kann aber auch die Situation als Her-
ausforderung annehmen, seinen Freiheitsspielraum
ausloten, ihn entsprechend nutzen und auf diese Weise sich selbst und die Umwelt verändern, indem er
z. B. den Personalrat einschaltet oder sich gewerk-
schaftlich organisiert.

Mit der Bewußtheit menschlicher Entscheidungsfä-
higkeiten und ihrer Grenzen ist eine wesentliche Voraussetzung für gesellschaftspädagogische und -thera-
peutische Arbeit gegeben. Der Mensch ist weder all-

mächtig noch ohnmächtig, er ist partiell mächtig. Diese partielle Mächtigkeit gilt es in jeder neuen persönlichen, politischen und sozialen Situation zu erkennen und zu nutzen.

Postulate

Die Postulate beinhalten Forderungen, die direkt aus den humanistischen Axiomen der TZI abgeleitet wurden. Oder anders ausgedrückt: In den Postulaten ist formuliert, wie die Axiome im alltäglichen gesellschaftlichen Leben zum Ausdruck kommen. Sie fordern auf, die Realität und nicht beliebige Dogmen als Autorität anzuerkennen; Menschen sollen ermutigt werden, Verantwortung für sich zu übernehmen, um sich selbst „leiten" zu können. Insbesondere in Gruppensituationen existiert oft die unausgesprochene Erwartungshaltung, allein die offiziellen Gruppenleiterinnen und Gruppenleiter seien für das Wohlbefinden aller in der Gruppe verantwortlich. Die Postulate durchkreuzen diese Erwartungshaltung und stellen klar, daß jede und jeder einzelne verantwortlich ist für das Geben und Nehmen in der Interaktion mit allen anderen. Jedes Gruppenmitglied wird in seiner Eigenständigkeit (Autonomie) und seiner Verbundenheit (Interdependenz) angesprochen.

Erstes Postulat

„Sei dein eigener Chairman/Chairwoman, sei die Chairperson deiner selbst. Mache dir deine innere und äußere Wirklichkeit bewußt. Benütze deine Sinne, Ge-

fühle, gedanklichen Fähigkeiten und entscheide dich verantwortlich von deiner eigenen Perspektive her."

Das Chairperson-Postulat kann in drei Schritte unterteilt werden. Zunächst geht es darum, den Blick auf die innere Wirklichkeit zu richten, um so die eigenen Gefühle, Bedürfnisse und Bestrebungen wahrzunehmen und um sich gleichzeitig der körperlichen Empfindungen, der Intuition, Phantasien und Wertungen der eigenen Person bewußt zu werden. Nicht was „man" sagt, soll der Ausgangspunkt des eigenen Denkens, Fühlens und Handelns sein, sondern was jeder Mensch selber denkt und fühlt. Es geht um die autonomen Anteile der Person.

Der zweite Schritt des Postulates lenkt den Blick auf die äußere Wirklichkeit. Mit den eigenen Bedürfnissen befindet sich jeder Mensch immer in einem Kontext. Menschliche Beziehungen, eine bestimmte Situation, persönliche Lebensumstände, das politische, ökonomische und ökologische Lebensumfeld rahmen die persönlichen Bedürfnisse ein. Mit dem zweiten Schritt des Chairperson-Postulates gilt es, dieses Umfeld wahrzunehmen und die eigenen Abhängigkeiten zu realisieren. Hier geht es um die interdependenten Anteile der Person.

Erst der dritte Schritt des Postulates fordert zu einer verantwortlichen Entscheidung aus dem Blickwinkel der inneren und äußeren Perspektive auf. Verantwortung übernimmt eine Chairperson nur für die eigenen Handlungen und Nicht-Handlungen (!), es sei denn, eine andere Person verliert ihr Bewußtsein (z.

B. bei einem Unfall) oder kann die Verantwortung für sich nicht oder erst teilweise übernehmen (z. B. Kinder). Kein Mensch kann einem anderen Menschen eine Entscheidung abnehmen, und jede Entscheidung hat Konsequenzen. Daher sind die drei Schritte des Chairperson-Postulates wichtig. Der Blick auf die eigene Person unterstützt das Bedürfnis nach Autonomie und Ich-Stärkung jedes Menschen und erleichtert eine unvoreingenommene Wahrnehmung der anderen sowie eine klarere Einschätzung der jeweiligen Situation. So können auch die herangetragenen Erwartungen besser akzeptiert werden, und es liegt dann allein in der eigenen verantwortlichen Entscheidung, ob diese Erwartungen erfüllt werden oder nicht. Das Chairperson-Postulat fordert auf, in der Bewußtheit seiner selbst, der anderen und der gemeinsamen Aufgabe Entscheidungen zu treffen und die Verantwortung dafür zu übernehmen.

Ermutigung zur Eigenverantwortlichkeit

Mit dem Aussprechen des Chairperson-Postulats wird scheinbar eine paradoxe Situation geschaffen, denn das Postulat fordert zu einem Verhalten auf, das eigentlich aus der einzelnen Person erwachsen muß. Solch ein mündiges und freies Verhalten müssen die meisten Menschen aber erst einüben, denn sie haben nicht oder nur in unzureichendem Maße gelernt, für sich selbst zu sorgen und die Verantwortung zu übernehmen.

Für den Gruppenprozeß ist es entscheidend, wie das Chairperson-Postulat eingeführt wird. Als Vorwurf ausgesprochen („Warum bist du nicht für dich verantwortlich?") oder als Anspruch erhoben („Jetzt sei für dich verantwortlich!"), kann es hemmend und einengend wirken; einen ermutigenden und befreienden Aspekt hat das Postulat erst, wenn es als Einladung verstanden werden kann („Werde, der/die du schon bist!").

Zweites Postulat

„Störungen und Betroffenheiten haben Vorrang. Beachte Hindernisse auf deinem Weg, deine eigenen und die von anderen; ohne ihre Lösung wird Wachstum verhindert oder erschwert."

Dieses Postulat besagt, daß Störungen sich immer ihr Recht verschaffen, egal ob Teilnehmende und Leitende dies wollen oder nicht. Störungen fragen nicht nach Erlaubnis, sie haben de facto Vorrang. Daher geht es darum, sie als Realität des Menschen in der konkreten Situation ernst zu nehmen. (Da der Begriff „Störungen" einen deutlich negativen Beigeschmack hat, werden häufig ergänzende Ausdrücke wie „Aufmerksamkeitsverschiebungen" oder „Betroffenheiten" mit in das Störungspostulat aufgenommen.)

Umgang mit Störungen

Störungen sind sowohl Zerstreutheit, Ärger, Langeweile, Konflikte mit anderen Gruppenmitgliedern als auch Freude, Begeisterung und Sachinteresse — kurz gesagt alles, was (scheinbar) nichts mit dem Thema zu tun hat und was die Aufmerksamkeit einzelner oder der Gruppe von der vorgenommenen Aufgabe ablenkt. Lebendiges Miteinander-Lernen kann jedoch nur erreicht werden, wenn sich alle Teilnehmenden auf das Thema und den Gruppenprozeß konzentrieren können. Das gemeinsame Lernen wird aber bereits dann verhindert, wenn ein Gruppenmitglied — aus welchen Gründen auch immer — nicht bei der Sache ist. Diese Person ist der Gruppe als Gruppenmitglied verlorengegangen. Wenn die Person ihre Aufmerksamkeitsverschiebung jedoch äußert, wird die Störung zum offiziellen Mittelpunkt des Gruppengesprächs, und zwar so lange, bis das Gruppenmitglied in die Gruppe zurückgefunden hat. Oft reicht schon das Aussprechen der Störung aus, um die betreffende Person wieder in das Gespräch einzubeziehen. Unter Umständen beansprucht die Beseitigung der Störung aber auch viel Zeit. Diese Zeit ist jedoch nicht „vertan", da die Gruppe erfahrungsgemäß nach der Beseitigung der Störung um so intensiver zusammenarbeitet. Im Unterschied dazu beeinträchtigt ein gewaltsames Verdeckthalten einer Störung den gemeinsamen Lernprozeß anhaltend und entscheidend.

Ein derart konstruktiver Umgang mit Störungen und Betroffenheit ist für die meisten Menschen neu und ungewohnt. Es bedarf daher der behutsamen Einübung und verlangt insbesondere von den Leitenden viel Sensibilität und Kenntnisse in bezug auf den Umgang mit Gruppenphasen und Gruppenkrisen.

Hilfsregeln

Aus den Axiomen und Postulaten sind verschiedene Hilfsregeln abgeleitet, die die zwischenmenschliche Kommunikation erleichtern und fördern können. Die Hilfsregeln beziehen sich auf erhöhte Aufmerksamkeit im Selbst- und Leitungsstil und sind darauf ausgerichtet, die humanistische Grundeinstellung der TZI erfahrbar zu machen. Wenn die Hilfsregeln von den Gruppenleitenden situationsgerecht und einfühlsam eingeführt werden, kann die Kooperationsfähigkeit der Gruppe durch die Beachtung dieser Kommunikationshilfen unterstützt werden; sie sind für den Gruppenprozeß meist zu Beginn wichtiger als für den weiteren Verlauf.

Angebote statt Gebote

Die Hilfsregeln sind als Angebote und nicht als dogmatische Gesetze zu verstehen. Es führt zu einem falschen Verständnis von TZI, wenn Gruppenleiterinnen und Gruppenleiter die Anwendung und Einhaltung der Hilfsregeln als verbindliche Gruppennorm vorschreiben.

Die Anzahl der Hilfsregeln ist nicht festgelegt, und ihre Formulierung ist an keine verbindliche Form gebunden; oft ist es sogar förderlich, die Hilfsregeln der jeweiligen Gruppensprache und Gruppensituation anzupassen. Nachfolgend nennen und erläutern wir die acht gängigsten Hilfsregeln:

● *„Vertritt dich selbst in deinen Aussagen; sprich per ICH und nicht per WIR oder per MAN."*

Für viele Menschen sind konkrete Ich-Aussagen schwierig, und erst allmählich lernen sie, die volle Verantwortung für das zu übernehmen, was sie sagen. Die Hilfsregel ermutigt, sich nicht hinter verallgemeinernden Wendungen zu verstecken, sondern selbstverantwortliche Aussagen zu machen. In diesen Zusammenhang gehört auch der Hinweis, die Sätze mit ICH statt mit DU oder SIE zu beginnen.

- *„Wenn du eine Frage stellst, sage, warum du fragst und was deine Frage für dich bedeutet. Sage dich selbst aus und vermeide das Interview."*

Für eine ausgewogene Kommunikation sind persönliche Aussagen förderlicher als Fragesätze. Fragen sind oft Vermeidungsspiele, um die eigenen Ansichten, Meinungen und Erfahrungen nicht offen aussprechen zu müssen. Eine Aussage dagegen regt andere Teilnehmende auch zu eigenen Aussagen an, und ein direkter persönlicher und sachlicher Austausch kann leichter möglich werden. Bei authentischen Informationsfragen ist es hilfreich, die Gründe für den zugrundeliegenden Informationswunsch (Warum und wozu brauche ich diese Information?) offenzulegen.

- *„Halte dich mit Interpretationen von anderen so lange wie möglich zurück. Sprich statt dessen deine persönlichen Reaktionen aus."*

Hinter dieser Hilfsregel steckt die Idee, nur dann das Verhalten anderer Teilnehmerinnen und Teilnehmer zu interpretieren, wenn diese ausdrücklich darum gebeten haben, beispielsweise bei einer gewünschten Rückmeldung (Feedback-Runde). Der Grund liegt darin, daß Interpretationen, die nicht gewünscht werden, das Gegenüber meist in eine defensive Haltung bringen und Abwehr hervorrufen; beides hemmt eine partnerschaftliche Kommunikation. Darüber hinaus gilt: „Wenn du schon Aussagen über andere oder Beobachtungen über Personen, Dinge und Sachverhalte außerhalb deiner selbst mitteilen möchtest, gib stets den Zusammenhang mit dir selbst bekannt, soweit er dir verfügbar ist."

● *„Wenn mehr als einer gleichzeitig sprechen will, verständigt euch in Stichworten, über was ihr zu sprechen beabsichtigt."*

Bei einem engagierten Gespräch kann es leicht geschehen, daß mehrere Personen gleichzeitig sprechen wollen. Die Gruppenmitglieder — und nicht die Leitenden — treffen dann die Entscheidung, wer im Augenblick zuerst redet.

Da Seitengespräche ein aufmerksames Zuhören und Reden verhindern und oft ein Ventil in einer schwierigen Gruppensituation darstellen, lautet eine ergänzende Regel: „Seitengespräche haben Vorrang. Sie stören und sind meist wichtig. Sie würden nicht geschehen, wenn sie nicht wichtig wären. (Vielleicht wollt ihr uns erzählen, was ihr miteinander besprecht?)"

● *„Sei authentisch und selektiv in deiner Kommunikation. Mache dir bewußt, was du denkst, fühlst und glaubst, und überdenke vorher, was du sagst und tust."*

Selektive Authentizität bedeutet, daß alles, was in einer TZI-Gruppe gesagt wird, ehrlich sein soll, was jedoch nicht bedeutet, daß auch alles gesagt werden muß. Diese realistische Offenheit beachtet die Tragfähigkeit und Verletzlichkeit von Teilnehmenden und ist ein Gegengewicht zu dem häufig undifferenzierten und überfordernden Anspruch vieler Selbsterfahrungsgruppen.

- *„Werde wach für deine Gefühle. Sie gehören zu deinem Wert und zu deiner Wichtigkeit. — Sie sind gültig für dich und deinen jeweiligen Augenblick. Sie sind deine Energiespender."*

Ein vertrauensvolles Klima in einer TZI-Gruppe wird gefördert, wenn die Teilnehmenden nicht nur auf ihre Gedanken und Äußerungen achten, sondern auch ihre Gefühle und aufsteigenden Impulse wahrnehmen und mitteilen. Begeisterung, Sympathie und Freude gehören genauso zur gemeinsamen Sprache wie Ärger, Wut, Angst und Langeweile.

- *„Beobachte Signale aus deiner Körpersphäre, und beobachte diese auch bei anderen Teilnehmenden."*

Mit dieser Hilfsregel wird die Gleichgewichtigkeit von Körper- und Wortsprache zum Ausdruck gebracht. Weil unsere Erfahrungen als Gefühle durch unseren Körper hindurchgehen, sind Körperempfindungen Hinweise aus unbewußten und tieferen Gefühlsschichten. Körpersignale sind unmittelbarer und daher authentischer als das gesprochene Wort und können einen wertvollen Beitrag zum Thema leisten.

- *„Wenn du willst (nicht: wenn du gerade Laune dazu hast), durchbrich alle diese Regeln!"*

Mit dieser „Regel" wird noch einmal die Bedeutung und die Wirksamkeit von Regeln in Frage gestellt. Hilfsregeln sind nur dann sinnvoll, wenn sie das Eigenpotential der Gruppenteilnehmerinnen und -teilnehmer zur Entfaltung bringen und die Kooperationsfähigkeit einer Gruppe verbessern; für alle Hilfsregeln gilt daher, daß sie als freundliche Aufforderung und Ermutigung angesehen werden sollen, nicht aber als ein Dogma.

Dynamische Balance

Das Konzept der dynamischen Balance ist das zentrale Arbeitsprinzip der TZI. Kurz gefaßt besagt es, daß eine Gruppe nicht nur auf ein Thema zentriert arbeitet, sondern in gleicher und möglichst ausgewogener Weise auch die einzelnen Personen, die Gruppe und das Umfeld miteinbezieht. Hinter dieser Arbeitsweise steht ein humanistisch-ganzheitliches Grundprinzip, das die Gleichgewichtigkeit — die **gleiche** Wichtigkeit — der vier Faktoren „Ich,",„Wir", „Es" und „Globe" betont.

Jede Gruppeninteraktion enthält diese vier Faktoren:
1. das Ich, d. h. die einzelne Person in einer Gruppe, und ihr Anliegen,
2. das Wir, d. h. die Interaktion einer Gruppe untereinander,

3. das Es, d. h. das Thema oder die Aufgabe einer Gruppe,
4. der Globe, d. h. das nahe und ferne Umfeld einer Gruppe.

Die Aufgabe der Gruppenleitenden — und in gewissem Maße auch der Gruppenmitglieder — besteht nun darin, immer den Faktor des Dreiecks, der gerade am wenigsten zur Geltung kommt, in den Vordergrund zu rücken, um die Balance zwischen den vier Faktoren zu erreichen. Wenn beispielsweise eine Gruppe einseitig auf der Beziehungsebene arbeitet, können die Gruppenleitenden die Gleichgewichtigkeit der Ich-Wir-Es-Faktoren im Globe wiederherstellen, indem sie an das Sachthema erinnern. Wenn in einem anderen Fall das soziale Gefüge der Gruppe zu zerfallen droht, kann die Balance beispielsweise durch das Verfahren des „Blitzlichts" wieder hergestellt werden. Bei einem „Blitzlicht" regt die Leitungsperson die Teilnehmenden an, nacheinander in kurzer und komprimierter Form zu sagen, wo sie sich mit ihren Gefühlen und Gedanken befinden und was sie in diesem Augenblick wollen. Dabei kann der Schwerpunkt auf das subjektive Erleben (Ich-orientiertes Blitzlicht), auf das momentane Gefühl zu den anderen Teilnehmenden (Wir-orientiertes Blitzlicht), auf den Bezug zum Thema (Es-orientiertes Blitzlicht) oder auf den Bezug zum Umfeld (Globe-orientiertes Blitzlicht) gelegt werden.

Das Prinzip der dynamischen Balance ist sehr anschaulich am TZI-Symbol, dem gleichseitigen Dreieck in der Kugel, nachvollziehbar.

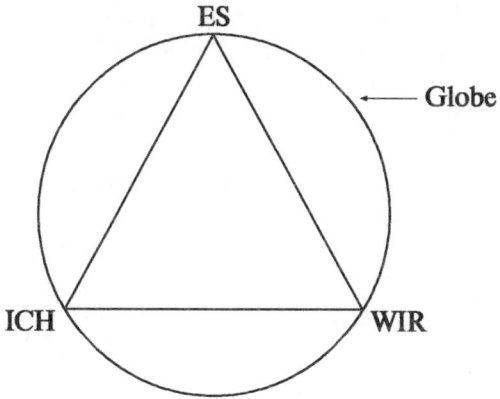

Die drei Eckpunkte (Ich, Wir und Es) fügen sich in die Kugel (Globe) ein. Die dynamische Balance, die in der Graphik so bestechend einfach dargestellt werden kann, ist in der Realität nicht statisch. Sie muß im Gruppenverlauf immer wieder neu erarbeitet werden. Es geht um die Balance zwischen Sach- und Beziehungsebene, Aktivität und Ruhe, Geben und Nehmen, Nähe und Distanz, die Balance zwischen physischen, emotionalen, intellektuellen und spirituellen Bedürfnissen.

Das Prinzip der dynamischen Balance macht die Notwendigkeit bewußt, Gegenpole einzubeziehen. Gegenpole sind nicht als Widersprüche, sondern als Spannungspole zu betrachten, die aufeinander bezogen werden müssen, sich also gegenseitig ergänzen.

Dem abendländischen Dualismus, der im „Entweder-Oder" denkt, setzt das pädagogisch-therapeutische TZI-Modell ein „Sowohl-als-Auch" entgegen. Dieses Denken hat nicht nur starke Parallelen zur chinesischen Philosophie des Taoismus, der in jedem Pol (Yin und Yang) zugleich den anderen Pol keimen sieht und der das Leben als zyklischen Wandel zwischen diesen Polen betrachtet; es steht auch im Zusammenhang mit dem neuen holistischen (ganzheitlichen) Weltbild, wie es unter anderem die Frauenbewegung, die Ökologie- und Friedensbewegung und die Humanistische Psychologie und Pädagogik entwickeln.

Faktoren der Interaktion

Im folgenden stellen wir die vier Interaktionsfaktoren noch einmal etwas ausführlicher vor, denn die inhaltliche Bedeutung von „Ich", „Wir", „Es" und „Globe" ist Dreh- und Angelpunkt der theoretischen Grundannahmen der TZI.

Das Ich:
Um in eine TZI-orientierte Interaktion treten zu können, muß ich zunächst herausfinden, was ich will, was ich denke, fühle, wahrnehme und erkenne. Je mehr ich meine inneren Motivationen und Ambivalenzen erkenne und je besser ich zwischen meinem „Ich sollte", „Ich möchte", „Ich darf" und „Ich will" unterscheiden kann, um so offener und transparenter kann ich anderen Menschen begegnen und diese auf dem Hintergrund ihrer Lebensgeschichte verstehen und annehmen.

Die Themenzentrierte Interaktion ermutigt, sich der eigenen Gedanken, Empfindungen und Wünsche bewußt zu werden und gleichzeitig die Gruppe, d. h. die einzelnen Gruppenmitglieder, in ihrer Unterschiedlichkeit ins Bewußtsein aufzunehmen. In dieser umfassenden Bewußtwerdung kann ich nun realitätsbezogen und verantwortlich entscheiden, ob und wie ich in die Gruppeninteraktion eintrete — oder anders ausgedrückt: ob und wie ich meine eigene Chairperson sein will.

Das Wir:

Das „Wir" ist die Gruppe. Es setzt sich aus den einzelnen „Ichs" zusammen, die zu einer bestimmten Zeit an einem bestimmten Ort miteinander kommunizieren.

Da in der TZI die einzelne Person und die Gruppe als gleich wichtig angesehen werden, ist das Prinzip der Mehrheitsabstimmungen zur Entscheidungsfindung tabu. Kann zur Klärung offener Fragen kein Konsens gefunden werden, gilt es, gemeinsam nach einer Lösung zu suchen, die für alle tragfähig ist. Der Prozeß wird behindert, wenn einzelne sich „für" die Gruppe aufgeben — derartiges Zurückstecken schwächt nicht nur das WIR der Gruppe, es geht zudem potentielle Energie in Selbstaufopferung verloren. Im Unterschied dazu führt jedes „Ich gebe mich ein" zu einem größeren Wir-Anteil, der letztlich nicht nur der eigenen Selbsterfüllung, sondern auch der Gruppe zugute kommt. Dieses Ringen um einen Konsens ist in der Regel zwar anstrengender und zeitraubender als ein vorschnell geschlossener Kompromiß, es ist jedoch für den weiteren Gruppenprozeß eine befriedigende und tragfähige Grundlage.

Das Es:

Der Name „Themenzentrierte Interaktion" weist bereits darauf hin, daß das zu bewältigende Thema (das „Es") der inhaltliche Bezugspunkt der TZI-Gruppeninteraktion ist. Prinzipiell können alle Themen bearbeitet werden, wenn erstens die Leitungspersonen genügend Wissen über ein Thema und entsprechende Vermittlungsmethoden besitzen, wenn zweitens die Anliegen, die Zusammensetzung und die Gesamtsituation der Gruppe bei der Themenwahl berücksichtigt werden und wenn drittens die Themen den genannten TZI-Axiomen nicht widersprechen.

Formulierung des Themas

Wesentliche Vorarbeit für die Gruppeninteraktion ist eine gute und situationsgerechte Formulierung des Themas. Es bedarf einiger Einfühlung und Intuition, um wahrzunehmen, wo eine Gruppe gerade steht und wie ein Thema lauten könnte, so daß die Gruppe angeregt wird, sich auf der persönlichen und sachlichen Ebene einen Schritt weiterzuentwickeln.

In nachfolgender Übersicht hat Ruth C. Cohn zusammengestellt, was bei der Themenformulierung beachtet werden muß:

„Ein adäquat formuliertes Thema

● ist kurz und klar formuliert, so daß es dem Gedächtnis stets präsent bleibt;

● ist nicht abgedroschen und langweilt deshalb auch nicht;

- ist in bezug auf Sprache und Wissensanforderung auf die Teilnehmer zugeschnitten;

- ist so gefaßt, daß es niemanden ausschließt und niemandes Gefühl verletzt;

- ist nicht so eng (konkret) gefaßt, um nicht Raum zu lassen für freie Einfälle, Gedanken und Bilder und

- nicht zu weit (abstrakt) gefaßt, daß es alles zulassen und nichts fokussieren würde;

- hat auch gefühlsmäßigen Aufforderungscharakter (Gruppenjargon, witzige und humorvolle Formulierung, Anklingen an aktuelle Geschehnisse u. ä.);

- eröffnet und begünstigt neue Horizonte und Lösungswege;

- ist jedoch nicht so einseitig formuliert, als daß es andere Möglichkeiten ausschlösse und dadurch manipulativ wäre;

- verstößt nicht gegen die Wertaxiomatik der Menschenrechte und Wertaxiome der TZI;

- begünstigt den Prozeß der Gruppe, insofern es, sowohl logisch als auch psycho-logisch, in die Sequenz der zu bearbeitenden Themen paßt und die dynamische Balance zwischen den verschiedenen Anliegen der Teilnehmer und den Sachnotwendigkeiten in Betracht zieht;

- beachtet die verbale Ausdrucksfähigkeit und die Sprachgewohnheiten der Gruppenteilnehmer und bezieht die Möglichkeiten nonverbaler Themendarstellung ein (Bilder, Pantomime, Materialien mit Aufforderungscharakter)."

Ein weiterer wichtiger Hinweis ist die positive Formulierung des Themas. Die Begründung ist einfach: Worte haben ein suggestives Element, daher können die Gruppenmitglieder in den meisten Fällen schöpferischer an ein positiv formuliertes Thema herangehen. So lenkt die Themenformulierung „Welche Grenzen und Schwierigkeiten bestimmen meinen Arbeitsalltag?" von vornherein die Blickrichtung auf die blockierenden Aspekte und wirkt damit einengend, während die Themenformulierung „Welche Freiheitsspielräume sehe ich in meinem Arbeitsalltag?" die Chancen und Möglichkeiten betont und damit die Blickrichtung erweitert.

Einführung des Themas

Steht das Thema fest und ist gut formuliert, bedarf es noch der Hinführung bzw. der Einführung in das Thema durch die Leitenden oder durch ein Gruppenmitglied, das diese Aufgabe übernommen hat. Dabei ist es wichtig, daß die Teilnehmenden etwas über den persönlichen Bezug desjenigen Menschen erfahren, der das Thema vorstellt.

Einführungstechniken

Um die Aufmerksamkeit der Teilnehmenden auf das Thema zu leiten, sind verschiedene Einführungstechniken vorstellbar:

- Einführende Worte über den Diskussionsprozeß in der Vorbereitungsgruppe;

- Überblick über die Struktur der geplanten Gruppensitzung;

- Aufforderung an die Gruppe, an eigene Erfahrungen und Erlebnisse zu denken, die im Zusammenhang mit dem Thema stehen;

- kurze Gruppenübungen und Rollenspiele;

- ein Bild, ein Dia und andere kreative Techniken (z. B. Malen);

- ein Text oder ein kurzes Referat;

- die Technik des „Dreischrittschweigens":

1. Nachdenken über frühere Erinnerungen und Gedanken (Schweigen);

2. Bewußtwerden über jetzige Gedanken und Gefühle (Schweigen) und

3. daran anschließend die Frage, wie sich jede und jeder einzelne persönlich auf das vorgestellte Thema einlassen kann.

Damit die Gruppenmitglieder genügend Zeit und Raum haben, um ihre eigenen Überlegungen und Anliegen bezüglich des Themas herauszubekommen, ist es hilfreich, nach der Nennung des Themas kurze Zeit zu schweigen.

Der Globe:
Zum Globe gehören alle Umweltbedingungen und Menschen, die außerhalb der Hier-und-Jetzt-Situation einer Gruppe liegen. Diese Faktoren der äußeren

Situation müssen den Gruppenleitenden schon vor dem ersten Zusammentreffen der Teilnehmenden bekannt sein, weil diese Bedingungen auf die Gruppenarbeit einen nicht unerheblichen Einfluß haben. Für die Leitungsperson ist es daher wichtig, sich über verschiedene Fragen zum „Globe" Klarheit zu verschaffen:

- Wie sieht der familiäre und berufliche Lebenszusammenhang der Teilnehmenden aus?

- Wie ist die Zusammensetzung der Gruppe (Alter, Geschlecht, Bildung, soziale Schicht)?

- Kommt die Gruppe freiwillig zusammen oder wurden die Teilnehmenden zu dieser Veranstaltung geschickt bzw. gezwungen?

- Wieviel Zeit und welcher Ort stehen für die Gruppenarbeit zur Verfügung?

- Welche Hierarchien gilt es zu beachten und ggf. zu verändern?

- Welche ökonomischen, ökologischen, gesellschaftlichen und politischen Wirklichkeiten müssen bekannt sein (und beachtet werden)?

Der Globe wirkt in seinen Gegebenheiten nicht nur außen, sondern in Form von Normen, Vorstellungen und Gedanken auch in jedem einzelnen Menschen. Zur Erleichterung der Umgehensweise mit dieser Vorstellung ist es hilfreich, sich immer wieder die Interdependenz bewußt zu machen, nämlich die Wechselwirkung zwischen dem Globe, der uns umgibt, und den inneren Vorstellungen der Gruppenteilnehmenden von ihm.

Leitungsverständnis in TZI-Gruppen

Die TZI ist ein Ansatz zum Sich-Selbst- und Gruppen-leiten. Die Gruppenleiterinnen und Gruppenleiter sind in erster Linie Teilnehmende und bringen als gleichberechtigte Mitglieder der Gruppe auch eigene Ideen, Interessen, Gedanken und Gefühle in den Gruppenprozeß ein. Erst in zweiter Linie haben TZI-Gruppenleiter und Gruppenleiterinnen eine spezielle Funktion.

Funktionen der Leitenden

Zu den Funktionen der Leitenden zählen:

● Beachtung der Balance zwischen Ich-Wir-Es und deren Zusammenhang mit dem Globe;

● Strukturierung der Arbeitsgruppe in Raum und Zeit;

● Förderung einer Gruppenatmosphäre, in der Ängste abgebaut und Schwächen und Aggressionen akzeptiert werden;

● Herausfindung der nächsten (möglichen) Schritte und Anbieten von Strukturvorschlägen;

● Themenfindung und -formulierung und gegebenenfalls auch Themeneinführung.

Partnerschaftliche Leitung der Gruppe

Die partnerschaftliche Gruppenleitung wird gerne mit dem Bild eines Orchesters ohne Dirigenten illustriert. Die Rolle des Gruppenleitenden ist in diesem Fall vergleichbar mit der des ersten Geigers. Er spielt als Orchestermitglied, und nur durch die Art, wie er seine Geige spielt, erleben andere Musiker seine leitende Funktion. Verliert jedoch das Orchester seinen Zusammenhalt, schlüpft der erste Geiger in die Rolle des Dirigenten, führt das Orchester wieder zusammen, um gleich darauf wieder zu seinem Part zurückzukehren. Er erfüllt damit eine zweifache Aufgabe. Neben seinem eigenen Spiel muß er sich gleichzeitig immer des gemeinsamen Spieles aller bewußt sein. Ebenso wie der erste Geiger ist auch die Leitungsperson in einer TZI-Gruppe gleichzeitig partizipierendes und leitendes Mitglied.

Im Unterschied zur konventionellen Psychotherapie geben die Gruppenleitenden ihre Leitungsrolle immer mehr zugunsten echter Partnerschaft ab. Diese partnerschaftliche Grundhaltung in der TZI-Gruppenarbeit zeigt sich unter anderem auch in dem Umgang mit Übertragungsphänomenen. Unter Übertragungsphänomenen sind Wünsche und Gefühle zu verstehen, die ursprünglich gegenüber früheren Bezugspersonen entstanden sind und die in Beziehungen zu Personen der Gegenwart aktualisiert werden. Während die klassische Psychoanalyse die Übertragung steigert, um sie durchzuarbeiten, betonen TZI-Gruppenleitende die sofortige und eindeutige Gegenüberstellung und Bearbeitung jeder Übertragung, um realitätsnahe Beziehungen zu erreichen.

Für eine nach der TZI-Methode arbeitende Gruppe ist eine klare Leitung notwendig, wobei die Leitung durch Konsens der Gruppe und unter Berücksichtigung der verschiedenen Kompetenzen der einzelnen Gruppenmitglieder delegiert werden kann und auch soll. Ist die Leitungsposition nicht klar festgelegt, sinkt erfahrungsgemäß nach einiger Zeit entweder das inhaltliche Niveau der Arbeitsgruppe oder die einzelnen bzw. die Beziehungen in der Gruppe kommen zu kurz. All dies kann zu einer vorzeitigen Auflösung der Gruppe führen.

Zusammenfassend läßt sich sagen: Die TZI-Gruppenleitung ist ein urdemokratisches Modell der Gruppenarbeit, in der die Gruppenleitenden sowohl Chairperson ihrer selbst als auch Chairperson der Gruppe sind. In der Regel ist eine klare Leitung notwendig, wobei die Leitungsfunktionen nicht nur von den Leitenden, sondern in gleicher Weise auch von den Teilnehmenden wahrgenommen werden können.

Struktur — Prozeß — Vertrauen

Die Stichworte „Struktur", „Prozeß" und „Vertrauen" kennzeichnen drei wichtige Eckpfeiler der TZI-Gruppenarbeit. Die drei Faktoren sind in jeder Gruppe wirksam, denn der Prozeß in einer Gruppe steht immer im Zusammenhang mit dem Vertrauen der Gruppenmitglieder untereinander und der Strukturierung des zu bearbeitenden Themas. Im Idealfall sind in der TZI-Gruppenarbeit die Faktoren „Struktur", „Prozeß" und „Vertrauen" ausbalanciert. Die Gleichgewichtigkeit der drei Aspekte einerseits und die gegenseitige Abhängigkeit andererseits läßt sich graphisch in Form eines gleichseitigen Dreiecks darstellen.

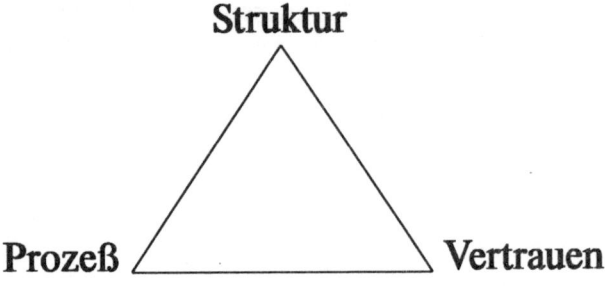

Struktur

Prozeß   Vertrauen

Zum näheren Verständnis fügen wir im folgenden einige Erklärungen zu den einzelnen Aspekten an.

Struktur

Unter Struktur werden alle Aktivitäten und Entscheidungen verstanden, die es den Gruppenmitgliedern ermöglichen, sich auf die gemeinsame Aufgabe einzulassen und sie zu bearbeiten. Das wichtigste Strukturmoment einer TZI-Gruppe ist ihr jeweiliges Thema. Die Konzentration auf das Thema hilft der Gruppe, ihre gemeinsame Aufgabe im Blick zu behalten.

Zusätzlich zum TZI-Thema können sämtliche Organisationsformen, Techniken, Übungen und Methoden anderer Verfahren zur Strukturierung herangezogen werden, solange diese den Axiomen der TZI nicht widersprechen. Hierzu gehören z. B.: Zeitlich klar strukturierte Arbeitseinheiten im Plenum, in Halb- und in Kleingruppen, das Podiumsgespräch, die Einzelarbeit, das Blitzlicht, die Vor- und Nachbesprechung, Wahrnehmungs- und Entscheidungsübungen, der Einsatz von kreativen Medien, Phantasiereisen, Rollenspiel, Meditation und Bewegungsübungen.

Für das Gelingen einer TZI-Sitzung ist eine *sorgfältige und gründliche Vorplanung* in zwei Schritten notwendig. Zunächst gilt es, auf der Grundlage der jeweils vorangegangenen Arbeitseinheit (bei der ersten Sitzung sind es alle verfügbaren Vorinformationen), die verschiedenen Fortsetzungsmöglichkeiten der Gruppenarbeit zu reflektieren, um in einem zweiten Schritt die dem aktuellen Gruppenprozeß angemessene Kombination von Themenstellung und entsprechender Strukturierungshilfe herauszuarbeiten.

Prozeß

Zum Prozeß einer Gruppe gehört alles, was in dieser Gruppe geschieht — von der Entwicklung, die die einzelnen bewußt und unbewußt bei sich selbst erleben, die Art der Beziehungen, die die Gruppenmitglieder untereinander eingehen, bis hin zur Entwicklung der Gesamtgruppe. Von ihrem ersten bis zu ihrem letzten Treffen durchläuft jede Gruppe einen Prozeß, der abhängig ist von den Vorerfahrungen der einzelnen, der Zusammensetzung der Gruppe, der gemeinsamen Aufgabe und den äußeren Rahmenbedingungen. Der Gruppenprozeß ist also nur bedingt planbar und macht eine flexible Handhabung der geplanten Strukturen in der konkreten Gruppensituation notwendig. Strukturen sind nämlich nur so lange hilfreich, wie sie den aktuellen Gruppenprozeß unterstützen und den Bedürfnissen der Gruppe entsprechen.

Vertrauen

Mit Vertrauen ist gemeint, daß die einzelnen Personen sich in der Gruppe sowohl wahr- und angenommen als auch geschützt und sicher fühlen. Ein vertrauensvolles Klima ist eine wesentliche Voraussetzung für soziales Lernen. Es kann durch Zuhören, Offenheit, Anerkennung, Diskretion und Nicht-Recht-Haben-Müssen entstehen und wächst in einer Atmosphäre, in der es nicht nur erlaubt, sondern sogar erwünscht ist, Fehler zu machen und etwas Neues auszuprobieren. Damit sich das dafür notwendige realitätsbezogene Vertrauen bei den einzelnen entwickeln kann, braucht die Gruppe klare und überschaubare Strukturen, die den Teilnehmenden zeigen, auf was sie sich einlassen und worauf sie sich verlassen können.

Schattenproblematik

In jeder Gruppenarbeit gibt es neben den genannten Aspekten „Struktur", „Prozeß" und „Vertrauen" auch die dazugehörenden Gegenpole (sog. Schattenproblematik) „Chaos", „Stagnation" und „Mißtrauen". Ebensowenig wie Störungen und Konflikte in einer Gruppe nicht dadurch vermieden werden können, indem die Gruppenleitenden und Gruppenteilnehmenden sie ausblenden oder zu verhindern suchen, lassen sich Chaos, Stagnation und Mißtrauen aus der Gruppenarbeit verbannen. Es geht daher darum, das Auftreten dieser Gegenpole als integrale Bestandteile der Wirklichkeit zu akzeptieren und in die Gruppenarbeit miteinzubeziehen.

5

Inges erste TZI-Erfahrung — oder: Will ich auch, wenn ich soll, und darf ich auch noch, wenn ich will?

Inge betritt als erste den Gruppenraum im Dachgeschoß. Zwanzig im Kreis aufgestellte Stühle sind das einzige Mobiliar in dem schlichten Raum. Während Inge sich zaghaft umschaut, kommen weitere Kursteilnehmende die Treppe hinauf. Einige scheinen sich zu kennen, denn sie plaudern angeregt miteinander. Andere, so beobachtet Inge, sind ebenso wie sie darauf bedacht, einen guten Platz zu finden, von dem aus sie die Neuankömmlinge im Blick haben. Inges Herz klopft vor gespannter Erwartung, und gleichzeitig fühlt sie sich sehr verloren. Sie schaut neidvoll auf das kleine Grüppchen neben der Tür, zu dem sich gerade eine weitere Frau gesellt, die von den anderen herzlich begrüßt wird.

Als die Gruppenleitenden den Raum betreten, wird es merklich stiller. Alle suchen sich einen Platz im Stuhlkreis, und auch das letzte Tuscheln verstummt. Die Gruppenleitenden schauen freundlich in die Runde und nehmen zu allen Blickkontakt auf. Inge wartet, bis sie an der Reihe ist, und lächelt schnell zurück; erst dann traut sie sich, auch in die Gesichter der anderen zu sehen. Blicke wandern hin und her, begegnen sich und lösen Kopfnicken und Lächeln aus, bis der

Gruppenleiter schließlich die Sitzung auch verbal eröffnet, indem er die Gruppe begrüßt und sich und die Co-Leiterin vorstellt. Erstaunt registriert Inge, daß er in diesem Zusammenhang die Frage nach der Anredeform, die in diesem Kurs herrschen soll, aufwirft. Sie hatte ein obligatorisches „Du" erwartet und ist plötzlich Zuhörerin eines Gruppengesprächs, in dem die unterschiedlichen Standpunkte ernsthaft und ehrlich zusammengetragen werden. Ermutigt durch die Diskussion überprüft Inge noch einmal ihre eigene Meinung und kommt zu dem Schluß, daß sie gerne geduzt werden will und auch die anderen lieber mit „Du" als mit „Sie" ansprechen möchte. Sie gibt sich innerlich einen Ruck und sagt dies auch laut. Inge erntet Zustimmung, und auch zwei ältere Männer, die in der Diskussion die „Sie"-Anrede vertreten haben, wollen sich auf das Gruppen-„Du" einlassen.

Verena, die Co-Leiterin, sagt nun ein paar einführende Sätze zum Tagesplan des Hauses und zur Struktur der Woche, während Stefan die jeweiligen Zeiten auf einem großen Bogen Papier mitschreibt, den er dann an der Wand befestigt. Zu insgesamt 18 Arbeitssitzungen von je 90 Minuten wird die Gruppe in den knapp fünf Tagen zusammenkommen. Zum Abschluß schreibt Stefan noch mit großen Lettern das Thema des Kurses über den Wochenplan. „Hilfe, ich bin überfordert!" steht dort nun für alle unübersehbar. In die Stille hinein liest Verena laut und deutlich den Ausschreibungstext vor:

„Viele Menschen klagen über Streß, Sich-unter-Druck-Fühlen und Überforderung und empfinden Riesenansprüche von seiten der Vorgesetzten, der Partnerin oder des Partners, der Kinder, ja sogar der Kirche. Bei näherem Hinsehen stellt sich häufig heraus, daß wir selber auch sehr anspruchsvoll sind. Verzichten und Abschiednehmen fällt besonders schwer in einer Welt voller Angebote und Möglichkeiten — wir könnten ja etwas verpassen. Und sind wir nicht verpflichtet, die Chancen auch zu nutzen? Mit dieser Haltung werden gerade die pflichtbewußten und gewissenhaften Menschen zu Menschen, die einerseits unersättlich und andererseits ständig überfordert sind. Unter Bezugnahme auf eigene Erfahrungen wollen wir diesem Phänomen im Arbeitsstil der TZI nachgehen."

„Wieviel unmittelbarer der Text doch wirkt, wenn er vorgelesen wird", denkt Inge, die sich schon beim ersten Lesen im Programmheft stark angesprochen fühlte, jetzt aber von einer inneren Unruhe gepackt wird. Die Stimme des Gruppenleiters unterbricht ihre Gedanken. „Das Thema der ersten Sitzung ist ‚Ankommen und sich miteinander bekanntmachen', und ich möchte euch das Ankommen durch ein geführtes Schweigen erleichtern."

Zunächst bittet Stefan die Teilnehmenden, sich bequem hinzusetzen — wenn möglich — die Augen zu schließen und die augenblicklichen Körperempfindungen, Gedanken und Gefühle wahrzunehmen. Inge fällt es leicht, sich auf seine Worte einzulassen; sie wandert mit ihrer Aufmerksamkeit durch ihren Körper, spürt ihren Herzschlag und ihre feuchten Hände, registriert ihre erwartungsvollen und angstmachenden Gedanken und fühlt, wie sie zwischen Neugierde und Unwohlsein hin- und hergerissen ist.

In einem zweiten Schritt regt Stefan an, sich an die Motive für die Anmeldung zu diesem Kurs zu erinnern. „Verzweiflung" fällt Inge als erstes ein, und sie denkt an die schlaflosen Nächte, in denen ihr alles über den Kopf zu wachsen scheint: ihr Muttersein, die Anforderungen im Beruf, die vielen einsamen und gleichförmigen Abende, wenn ihr Sohn Peter schon schläft. Noch bevor sich Inge in ihren Gedanken an die Vergangenheit verliert, leitet der Gruppenleiter das Schweigen zu einem konkreten Zukunftsaspekt, indem er auffordert, sich der Wünsche und Ziele im Hinblick auf die bevorstehende gemeinsame Arbeit bewußt zu werden.

Inge stutzt, öffnet die Augen und schaut fragend zu Stefan hinüber. „Er ist doch der Gruppenleiter", denkt sie, „wieso fragt der uns nach den Zielen dieses Kurses?"

Als hätte Verena ihre Gedanken erraten, fügt diese im Anschluß an das geleitete Schweigen einige Erläuterungen an. „Der Blick nach innen schult die Wahrnehmung der eigenen Bedürfnisse, und dies ist eine wesentliche Voraussetzung dafür, daß sich jede und jeder für die eigenen Wünsche und Bedürfnisse in der Gruppe auch einsetzen kann. Natürlich haben wir uns als Leitende Gedanken über die Ziele dieses Kurses gemacht, aber für unser Leitungsverständnis ist es von zentraler Bedeutung, daß jedes einzelne Gruppenmitglied sich auch selber leitet — und dies ist nur möglich, wenn ihr euch darüber bewußt seid, was ihr hier wollt."

Inge hilft diese Erläuterung in ihren Überlegungen etwas weiter.

Für den weiteren Verlauf der Sitzung kündigt Stefan eine Vorstellungsrunde an. Er führt an dieser Stelle den Begriff des Chairperson-Postulates ein und zeigt auf, welche Bedeutung dieses Postulat für die Vorstellungsrunde hat: „Meine eigene Chairperson zu sein bedeutet, daß ich allein dafür verantwortlich bin, was ich hier und jetzt in dieser Runde den anderen von mir mitteile und was nicht."

Nach kurzem Schweigen eröffnet Arthur die Runde und berichtet mit Blick auf den Gruppenleiter über seinen beruflichen Werdegang. Nach seinem Statement schaut er seine Nachbarin zur Linken auffordernd an, die sich bereits mit ihrer Vorstellung anschließt und engagiert von ihrer neuen Stelle erzählt, die sie vor kurzem angetreten hat.

Als auch Rosemarie nach ihrem Beitrag nach links schaut, greift der Gruppenleiter mit der Bemerkung ein: „Bevor es hier reihum weitergeht, will ich etwas von mir loswerden." Er erzählt von einem verregneten Familienurlaub an der Ostsee, der ihn sehr angestrengt hat, und daß er jetzt ganz froh ist, sich in diesem Kurs mit etwas anderem beschäftigen zu können.

Verhaltenes Schmunzeln huscht über einige Gesichter, und die Vorstellungsrunde geht nicht der Reihe nach, sondern kreuz und quer weiter. Inge hört interessiert zu und ist erstaunt, wie bunt zusammengewürfelt diese Gruppe ist. Vom Sozialarbeiter über den Studentenpfarrer, einer arbeitslosen Lehrerin, einer Trainerin in der Wirtschaft bis zu einer Hausfrau sind, sowohl was die Altersstruktur als auch das berufliche Spektrum angeht, die unterschiedlichsten Menschen vertreten.

Beinahe hätte sie vergessen, daß sie sich ja auch noch selbst vorstellen muß, und sie zählt die Gesichter ab, die bisher noch nichts gesagt haben. Und da ist er wieder, der Druck im Nacken, das Herzklopfen, die feuchten Hände . . . Fieberhaft sucht sie nach Worten, mit denen sie sich vorstellen könnte. Noch vier, die nichts gesagt haben. Die Worte der anderen rauschen an ihr vorüber, und sie ist nur mit einem Gedanken beschäftigt: Bloß nicht als letzte drankommen!

Verenas Beitrag fällt sehr kurz aus, die andere Frau schließt sich sofort daran an, und Inge bleibt übrig. Sie spürt, wie alle Augenpaare sich auf sie richten und beginnt mit zitternder Stimme, von ihrer privaten und beruflichen Situation zu erzählen. Niemand scheint ihrer Aufregung große Bedeutung beizumessen, und mit einem Seufzer der Erleichterung beendet sie ihre Ausführungen. Stefan nickt ihr zu und bemerkt mit Blick in die Runde: „Inge, Eva und Otto haben recht ausführlich von sich erzählt. Vielleicht wollt ihr von einigen anderen auch noch etwas wissen. Es gibt jetzt die Gelegenheit nachzufragen."

Nach eher zögerlichem Anfang entwickelt sich ein lebhaftes Fragen und Antworten, bis Verena sich einschaltet: „Ich komme mir gerade vor wie in einer Quizsendung, wo es auch auf jede Frage eine Antwort gibt und niemand weiß, warum gerade diese Frage gestellt wird. Das Thema unserer Sitzung lautet: ‚Ankommen und sich miteinander bekanntmachen‘. Und daher bitte ich euch, mit jeder Frage, die ihr stellt, auch den Grund dafür offenzulegen, denn nur so entsteht Kontakt." Im weiteren Gespräch kristallisiert sich immer deutlicher das gegenseitige Interesse der Teilnehmenden und die Motivation zu diesem Kursthema heraus.

Zum Abschluß der ersten Sitzung schlägt Stefan eine Übung vor, die das Namenlernen erleichtert. Inge bekommt einen Schreck, denn sie kann sich an kaum einen Namen erinnern. Offensichtlich geht es einigen anderen auch so, denn viele stimmen zu, als Otto dies auch laut sagt. „Was glaubt ihr denn, warum ich dieses Namenlernspiel vorgeschlagen habe", grinst Stefan, „ich konnte mir auch nur ein paar Namen merken — und deswegen üben wir jetzt."

Die Gruppe kann sich nun gut auf die Übung einlassen, und Inge macht es Spaß zu sehen, wie mühelos sie sich die Namen der anderen auf diese Weise einprägen kann. „Na also!" hört sie Stefan sagen, der jetzt zufrieden in die Runde schaut, „ich glaube, fürs erste reicht es, wir können die Übung ja bei Bedarf noch einmal machen. Jetzt sei uns erst mal eine Pause gegönnt. Wir sehen uns nach dem Essen um 20.30 Uhr hier wieder."

Das Abendessen ist gut und reichhaltig, Inge ißt mehr als gewöhnlich und hört amüsiert Stefans Ausführungen über seine mißglückten Kochversuche im Urlaub zu. Dieser steigert sich in die Details seiner Erzählung hinein, und schon nach kurzer Zeit unterhält er den ganzen Tisch, wobei er kaum zum Essen kommt. Er mahnt sich schließlich selbst zur Eile, einige nehmen dies zum Anlaß, den Essensraum zu verlassen.

Wenig später finden sich die Teilnehmenden in gelöster Stimmung wieder im Gruppenraum ein. Inge hat sich automatisch auf ihren alten Platz gesetzt, was ihr aber erst auffällt, als Eva sich gegen den Protest von Otto auf „dessen Stuhl" niederläßt.

Verena eröffnet die zweite Gruppensitzung und nennt das Thema: „Ich weiß es, und ihr sollt es auch erfahren — eine typische Situation, die mich überfordert!" Sie erläutert das Thema, indem sie den Zusammenhang zur vorangegangenen Sitzung deutlich macht. Immer noch soll das Kennenlernen im Vordergrund stehen, diesmal unter direkter Einbeziehung des Kursthemas. Als Struktur für diese Sitzung schlägt sie die Bildung von Vierer-Gruppen vor, in denen der Austausch über das Thema stattfinden wird, und fordert zur Bildung dieser Gruppen auf.

Während die ersten schon aufstehen, rechnet Inge noch einmal nach „18 : 4 = ?", dabei hört sie Arthur auch schon laut fragen: „Macht ihr zwei denn mit oder nicht?"

„Klar machen wir mit — und schauen wir mal, wer uns dabeihaben will!" sagt Stefan. Die Gruppen bilden sich zügig, und Inge freut sich, daß Verena in ihrer Kleingruppe ist. Stefan erklärt das weitere Vorgehen: „Wir möchten mit einer Einzelarbeit beginnen, damit alle die Möglichkeit haben, sich zunächst einmal auf sich selbst zu besinnen, bevor dann der Austausch in der Gruppe erfolgt. Wir bitten euch zu diesem Zweck, euch an eine typische Situation zu erinnern, in der ihr überfordert seid. Malt diese Situation dann auf ein Blatt Papier. Dabei kommt es nicht darauf an, daß ihr besonders schön oder originell malt; gebt dem Gefühl Raum, das ihr bei dem Gedanken an die Situation habt, und laßt euch beim Malen von diesem Gefühl leiten! Hier vorne liegen Papier und Stifte, bedient euch und sucht euch zum Malen einen geeigneten Platz im Raum — wir nehmen uns dafür 20 Minuten Zeit."

„Das kann ja heiter werden", denkt Inge, „ich und malen." Sie schaut sich um und sieht Otto schon mit hochrotem Kopf vor seinem Blatt sitzen; in jeder Hand hält er einen dicken Wachsmalstift. Auch die meisten anderen haben sich schon mit Papier und reichlich Stiften eingedeckt, so daß Inge ihre Bedenken beiseite schiebt und sich an eine tpyische Streßsituation zu erinnern versucht. Sie entscheidet sich für eine Szene aus ihrem beruflichen Alltag an der Volkshochschule. Das Malen nimmt sie sehr gefangen, und während sie noch intensiv mit ihrem Bild beschäftigt ist, bittet Stefan, mit der Malübung zum Ende zu kommen, da die Zeit um ist. Er weist darauf hin, daß die Kleingruppen bis zum Ende der Sitzung zusammenbleiben. Die Gruppenmitglieder sollen sich ihre Bilder gegenseitig vorstellen, besprechen und sie am Schluß der Sitzung im Gruppenraum aufhängen.

Die Kleingruppen finden sich daraufhin wieder zusammen, und Inge hat sich fest vorgenommen, diesmal als erste etwas zu sagen. Sie möchte es hinter sich bringen, damit sie sich besser auf die Vorstellung der anderen Bilder einlassen kann. In ihrer Gruppe erhebt sich kein Widerspruch, und so legt Inge ihr Bild in die Mitte. Sie hat den ganzen Platz zum Malen ausgenutzt, kaum ein Fleckchen weißes Papier ist zu sehen. In der Mitte des Bildes prankt ein überdimensional großer schwarzer Schreibtisch, vollgepackt mit Akten, Papieren und einem Telefon. Dahinter ist eine offene Tür zu sehen, durch die ein dicker, untersetzter Mann mit erhobenen Händen den Raum betritt. Rechts und links vom Schreibtisch drängeln sich ein halbes Dutzend Menschen, die alle auf die kleine, vor dem Schreibtisch sitzende Person einreden. „Das bin ich", sagt Inge und deutet auf die Figur vor dem Schreibtisch. „Immer, wenn das neue Programm fertiggestellt werden muß, ist bei uns die Hölle los. Niemand hält sich an die Fristen, und an mir bleibt alles hängen, denn ich bin für die Gestaltung des Programms verantwortlich. Ich muß den einzelnen hinterhertelefonieren, Ausschreibungstexte korrigieren, habe die gesamten Honorargeschichten am Hals und, und, und. Und dann ist da noch mein Chef, der alles besser weiß." Inge erzählt in großer Ausführlichkeit von ihrem Überfordertsein, und die Mitglieder ihrer Kleingruppe hören ihr aufmerksam zu, bis Arthur schließlich mit der Bemerkung dazwischenfährt: „Meine Güte, dann schick' doch die Leute vor die Tür und laß sie einzeln hereinkommen!" Inge schaut Arthur entgeistert an, der daraufhin sofort etwas von „hab' ich doch nicht so gemeint", vor sich hin murmelt. „Vielleicht hast du es ja doch so gemeint", sagt Verena, und bittet Arthur zu erzählen, wie Inges Bild auf ihn wirkt. „Wenn ich das Bild so sehe, dann bleibt mir die Luft weg. Also, ich könnte so nicht arbeiten. Da ist ja nicht mal Platz für die Kaffeetasse auf deinem Schreibtisch." „Was würdest du denn tun", fragt Verena, „wenn du an Inges Stelle wärst?" „Platz schaffen würde ich mir — erst einmal auf meinem Schreibtisch, und dann würde ich noch dafür sorgen, daß die Leute nur einzeln in mein Zimmer kommen." Verena blickt zu Inge, die Arthur mit kritischem Blick mustert. „Na Inge, wie geht es dir, wenn du dies von Arthur so hörst?" „Aber so einfach ist das nicht", kontert Inge, und ihr trotziger Tonfall ist nicht zu überhören. „Einfach ist es sicher nicht", erwidert Verena, „aber vielleicht hilft es dir, wenn ich dir jetzt erzähle, was mir noch aufgefallen ist. Wenn ich das Bild so ansehe und dich erzählen höre, geht es mir ähnlich wie Arthur. Daneben spüre ich jedoch noch eine andere Ebene, nämlich die, daß du sehr stolz darauf bist, unter derartigen schwierigen Bedingungen deine Arbeit zu schaffen. Du hast also eine ganze Menge Energie. Und diese Energie wird ja auch beim Erzählen deutlich. Ich habe selten jemanden mit soviel Engagement von seiner Überforderung reden hören." Eine Pause entsteht, und Inges Gesicht drückt Nachdenklichkeit aus. Nach einer Weile ergreift Verena wieder das Wort. „Ich würde jetzt hier gerne einen Punkt machen und mit der Besprechung der anderen Bilder fortfahren."

Arthur, Christa und Verena stellen nacheinander ihre Bilder vor, doch Inge ist nur halb bei der Sache. Ihr geht nicht aus dem Kopf, was Verena über ihr „engagiertes Überfordertsein" gesagt hat. „Ich fühle mich wirklich überfordert, das stimmt", denkt Inge, „aber ich tue auch eine Menge dafür, daß ich so arbeiten muß, wie ich arbeite." Das lebhafte Gespräch der anderen holt sie mit ihren Gedanken wieder in die Gruppe zurück, und sie versucht erneut, sich auf die anderen einzulassen.

Die Kleingruppe wird mit ihrer Arbeit rechtzeitig fertig, und die einzelnen hängen zum Abschluß noch ihre Bilder im Gruppenraum auf. Inge schaut auf ihre Armbanduhr, es ist kurz nach 22 Uhr. Sie fühlt sich einerseits müde und gleichzeitig zu aufgedreht, um jetzt schlafen zu gehen. Einigen anderen geht es ähnlich, und so findet Christas Vorschlag Zustimmung, sich noch auf ein Gläschen Wein am Kachelofen zusammenzusetzen.

Am nächsten Morgen versammeln sich die Kursteilnehmenden nach dem Frühstück um 9.00 Uhr wieder im Gruppenraum. Stefan wünscht einen guten Morgen und eröffnet die Sitzung mit einer Runde zum

Thema „Mein Befinden heute morgen — wie habe ich geschlafen, habe ich etwas geträumt, wie geht es mir jetzt?".

Inge fühlt sich unausgeschlafen. Sie hatte sich abends sehr beeilt, um noch vor 22.30 Uhr ihre Mutter telefonisch zu erreichen. Diese erzählte ihr dann so viel von Peter, daß sie selbst kaum zu Wort kam. Sie war daher froh, anschließend noch mit anderen aus ihrer Kleingruppe gemütlich am Kachelofen sitzen zu können. Später, auf ihrem Zimmer, war ihr dann auf einmal gar nicht mehr klar, warum sie ihre Mutter überhaupt angerufen hatte. Verenas Ausspruch von ihrem „engagierten Überfordertsein" kam ihr wieder in den Sinn. Sie dachte noch lange über einen Zusammenhang zu dem Telefongespräch nach und schlief erst spät ein.

Während die einzelnen Gruppenmitglieder sich zu der von Stefan gestellten Frage äußern, nimmt Inge ihre Anspannung wahr, weil sie sich überhaupt nicht vorstellen kann, wie es heute morgen inhaltlich weitergehen soll. Und so reiht sie sich mit einem lustlos vorgetragenen Statement in die Runde ein. Erst als Stefan die weitere Struktur dieser Sitzung erklärt, erwacht auch Inges Neugierde wieder. Aufgabe ist es, bis spätestens zum Mittagessen arbeitsfähige Halbgruppen zu bilden, die in ihrer Zusammensetzung für die Zeit des Seminars verbindlich bleiben. Dafür gibt es lediglich zwei Vorgaben. Erstens: Die Gruppen sollen gleich groß sein. Zweitens: Frauen und Männer sollen sich gleichmäßig auf beide Gruppen aufteilen. Zur inhaltlichen Begründung fügt Verena folgendes an: „Wir wollen im Laufe des Seminars immer wieder in Halbgruppen arbeiten und schlagen deshalb an dieser Stelle die Halbgruppenbildung vor. Die beiden kleinen Guppen haben den Vorteil, daß die einzelnen häufiger zu Wort kommen können. Durch die Kontinuität in der Gruppenzusammenstellung kann darüber hinaus das Vertrauen untereinander besser wachsen."

„Wir könnten die Aufgabe ganz einfach lösen, indem wir abzählen", ergänzt Stefan, „aber uns geht es hier nicht um eine formale, sondern um eine personale Entscheidung. Das heißt für jede und jeden einzelnen von euch, genau zu überprüfen, mit wem ihr intensiver zusammenarbeiten wollt und was ihr dafür zu tun bereit seid. — Gibt es dazu noch Fragen?" Eva meldet sich zu Wort: „Was passiert denn, wenn wir uns nicht einig werden?"

„Ich kann natürlich nicht voraussagen, was dann hier in dieser Gruppe passieren wird, und soweit sind wir ja auch noch gar nicht. Wichtig ist zunächst einmal, nicht schon im Vorfeld die eigene Wahl von irgendwelchen Phantasien, was wohl passieren könnte, beeinträchtigen zu lassen, sondern genau zu schauen, was ich hier und jetzt will."

Inge schaut sich im Raum um. Arthur, Christa und Verena hat sie bereits in der Kleingruppe etwas besser kennengelernt, und mit ihnen könnte sie sich eine intensivere Arbeit gut vorstellen. Auch Otto, Rosemarie und Eva sind ihr sympathisch, doch haben die drei am gestrigen Abend zusammen mit Lisbeth und Gerd in einer Ecke etwas abseits von den anderen gesessen. Ihre überaus lautstarke Unterhaltung und besonders das unüberhörbare Lachen von Gerd klingt Inge noch in den Ohren, und sie spürt genau, daß sie mit Gerd auf gar keinen Fall in näheren Kontakt kommen will — seine direkte und impulsive Art stößt sie ab. „Wenn die fünf sich gestern abend schon so prächtig amüsiert haben, dann werden sie bestimmt in eine Gruppe wollen", denkt Inge und läßt ihren Blick weiterwandern. Anne erscheint ihr noch interessant. Sie hatten während des Frühstücks nebeneinander gesessen und waren dabei unversehens auf eine gemeinsame Leidenschaft — die Krimis von Janwillem van de Wetering — gestoßen. Inge lächelt bei dem Gedanken daran in Annes Richtung. Anne ihrerseits erwidert das Lächeln nicht, sie wendet ihren Blick sogar ab. Inge ist verunsichert, und der Gedanke schießt ihr durch den Kopf: „Was ist, wenn ich mit Anne in einer Gruppe sein will, sie aber nicht mit mir?"

Noch immer sitzen alle Gruppenteilnehmenden auf ihren Stühlen, was Stefan mit der Bemerkung kommentiert: „Wie ich sehe, scheint es sehr schwierig zu sein, konkrete Wünsche zu äußern. Wer aktiv jemand anderen wählt, legt damit seinen Wunsch offen, und dann besteht immer auch die Gefahr, daß dieser Wunsch nicht erfüllt wird. Verberge ich daher meinen Wunsch, bekommen es die anderen wenigstens nicht mit, wenn er unerfüllt bleibt. Dies ist eine Strategie, um scheinbar unverletzt zu bleiben, tatsächlich verschweige ich aber nur meine Verletzbarkeit und damit einen wichtigen Teil, der zu mir gehört und der mich auch liebenswert macht. Ich möchte euch daher Mut machen, hier in diesem Seminar einmal auszuprobieren, was passiert, wenn ihr eure inneren Wünsche nach außen tragt."

Gerd ist der erste, der aufsteht und, wie Inge befürchtet hatte, gruppieren sich auch sofort die vier anderen von gestern abend um ihn. Auch Inge hat sich von ihrem Platz erhoben, und wie sie noch zaghaft versucht, zu Anne Blickkontakt aufzunehmen, kommt Gerd auf sie zu und schlägt ihr vor, doch in „seiner" Gruppe mitzumachen. Inge spürt ihr Unbehagen, aber sie schafft es nicht, ihm dies deutlich zu machen. Statt dessen geht sie zögerlich auf die Kleingruppe zu, die sich um Gerd gebildet hat. Auf halbem Weg bleibt sie jedoch stehen und blickt unsicher um sich. Auch andere Gruppenteilnehmende bewegen sich langsam im Gruppenraum und nehmen vorsichtig miteinander Kontakt auf. Leises Gemurmel entsteht, so daß die Äußerungen der einzelnen nicht mehr verstehbar sind. Stefan, der den Prozeß aufmerksam mitverfolgt hat, merkt in dieser Situation an: „Ich bitte euch darauf zu achten, daß immer nur eine Person redet, damit wir alle hören, was in diesem Gruppenbildungsprozeß gerade geschieht." Inge kann mit dieser Äußerung im Moment nichts anfangen und steht immer noch etwas verloren und orientierungslos im Raum. Zwischenzeitlich hat sich um Christa und Bernd eine zweite Kleingruppe gebildet, zu der auch Anne gehört. Als Christa sie anspricht, ob sie nicht dazukommen möchte, ist Inge froh und erleichtert. Sie nickt und geht auf die Gruppe zu. Nicht mehr allein, fühlt sie sich schon viel wohler und kann nun ihrerseits genauer schauen, wen sie noch gerne in ihrer Halbgruppe hätte. Dazu zählen natürlich Otto, Eva und Rosemarie, doch dies sagt sie nicht laut, weil sie vor der Reaktion von Gerd Angst hat. Gleichzeitig besinnt sie sich auf Stefans Vorschlag, hier nicht nur zu phantasieren, sondern konkret auszuprobieren, und sie entschließt sich, wenigstens Otto abzuwerben. Dieser ist sichtlich geschmeichelt und kommt, trotz der Proteste von Eva und Rosemarie, bereitwillig zu ihr — Gerd lächelt verlegen und sagt nichts dazu.

Inge ist mit sich jetzt sehr zufrieden. Es war ihr wichtig, mit Anne und Otto in einer Gruppe zu sein, auch mit den anderen kann sie sich eine Zusammenarbeit vorstellen. Ohne bedeutsame innere Anteilnahme beschränkt sie sich nun darauf, den zweiten Gruppenbildungsprozeß zu beobachten, der dann auch kurz vor dem Mittagessen erfolgreich abgeschlossen ist.

Der Prozeß der Gruppenbildung wird in der Nachmittagssitzung in den beiden Halbgruppen reflektiert, und anschließend erfolgt ein Austausch im Plenum darüber. In dieser Sitzung wird Inge wieder einmal dazu angeregt, genau nachzuprüfen, was sie eigentlich will. Sie kann die Unterschiedlichkeit ihres Engagements, je nachdem, ob sie glaubt, etwas zu „sollen" oder zu „wollen", anhand des Gruppenbildungsprozesses in bezug auf Gerd gut nachvollziehen und formuliert für ihr weiteres Nachdenken eine Art Schlüsselfrage: „Will ich auch, wenn ich soll, und darf ich auch noch, wenn ich will?"

Im weiteren Verlauf des Seminars stößt Inge immer wieder an den Punkt, einmal genauer hinzusehen, was sie will und was sie soll bzw. was sie nur zu wollen und zu sollen glaubt. Und als am letzten Seminartag danach gefragt wird, was die einzelnen aus dem Seminar mit nach Hause nehmen, schreibt sie ihre Schlüsselfrage auf ein Blatt und zeigt es der Gruppe. Sie ist stolz auf diesen Satz, und sie ist auch stolz auf sich. Das gute Gefühl erleichtert ihr den Abschied von der Gruppe, und in einer beschwingten Stimmung fährt sie nach Hause.

6

TZI und das Menschenbild der Humanistischen Psychologie und Pädagogik

Wie die Gestalttherapie, das Psychodrama und die Gesprächstherapie ist auch die Themenzentrierte Interaktion ein Konzept der Humanistischen Psychologie und Pädagogik. Die Verfahren dieser Bewegung entstanden Anfang der sechziger Jahre in den USA und verstanden sich als „dritte Kraft", d. h. als Ergänzung, Alternative und Gegenbewegung zur Psychoanalyse („erste Kraft") und zur Verhaltenstherapie („zweite Kraft"). Als Antwort auf die tiefgreifende Kulturkrise der heutigen Gesellschaft hat sich die Humanistische Psychologie und Pädagogik zur Aufgabe gemacht, nach neuen Antworten auf die Frage nach dem Sinn und der Daseinserfüllung menschlichen Lebens in einer von Entfremdungsprozessen bestimmten Lebenswelt zu suchen.

Positives Menschenbild

Auffallend ist, daß allen Verfahren der Humanistischen Psychologie und Pädagogik ein positives Menschenbild zugrunde liegt. Als Gegenbewegung zu dem Fixiertsein auf die defizitären Anteile des Menschen, wie dies in der psychoanalytischen und verhaltenstherapeutischen Tradition zum Ausdruck kommt, orientieren sich die Verfahren der Humanistischen

Psychologie und Pädagogik in erster Linie an dem positiven Potential des Menschen. Die Menschen werden unterstützt, ihre positiven Kräfte und Stärken zu entdecken und auszubilden.

Die nachfolgenden Prinzipien sind grundlegend für die Humanistische Psychologie und Pädagogik:

Autonomie und soziale Interdependenz

Das Bewußtsein von Autonomie (Eigenverantwortlichkeit) und sozialer Interdependenz (Verbundenheit) sind zwei wesentliche Grundbedingungen menschlichen Daseins. Die Anerkennung der Autonomie des Menschen führt zu einer positiven Grundeinstellung und zu einer aktiven Haltung gegenüber dem Leben. Mit dieser inneren Einstellung gibt der Mensch die Verantwortung für sein Leben nicht aus der Hand, sondern eröffnet sich die Möglichkeit, es aktiv zu gestalten und zu verändern.

Autonomie ist jedoch nicht zu verwechseln mit Autismus, worunter eine krankhafte Ich-Bezogenheit zu verstehen ist. Im Gegenteil: In gleicher Weise, wie das Bewußtsein für die Autonomie des Menschen gefördert wird, geht es parallel dazu um die Ausprägung des Bewußtseins für die soziale Interdependenz. Die Existenz des Menschen kann nicht isoliert betrachtet werden, sondern muß immer auf dem Hintergrund der Erfahrungen in der eigenen Familie und der gesellschaftlichen Realität gesehen werden. Nur dann wird ein Selbstverwirklichungsprozeß möglich, wenn individuelles Wachstum im Kontakt und in der Begegnung mit anderen Menschen geschieht. Darüber hinaus ist es in unserer Zeit wesentlich, eine möglichst umfassende Erfahrung der Verbundenheit mit unserer gefährdeten Umwelt anzubahnen, damit wir unsere Mitverantwortung für das Lebendige wahrnehmen können.

Selbstverwirklichung

Der Drang nach Selbstverwirklichung ist für die Humanistische Psychologie und Pädagogik eine grundlegende Antriebskraft für menschliches Handeln. Die Selbstverwirklichungstendenzen drücken sich in der Entfaltung von eingeschränkten und verborgenen Fähigkeiten und Begabungen sowie im Streben nach Selbst- und Welterkenntnis aus. Es geht den Verfahren der Humanistischen Psychologie und Pädagogik darum, die Anlagen des Menschen zu entfalten und das Potential der konstruktiven Kräfte im Menschen freizusetzen. Wie unterschiedlich jedoch die Auffassungen von Selbstverwirklichung innerhalb der Richtung der Humanistischen Psychologie und Pädagogik sein können, zeigen die beiden folgenden Versionen des sogenannten „Gestaltgebets".

„Ich bin ich, und Du bist Du.
Ich bin nicht dazu da, um Deinen Erwartungen zu genügen, und Du bist nicht dazu da, meinen Erwartungen zu genügen.
Ich bin ich, und Du bist Du.
Wenn wir uns finden, ist es wunderschön. Wenn nicht, kann man nichts machen." (Fritz Perls)

Während der erste Text, der vom Mitbegründer der Gestalttherapie Fritz Perls stammt, eine Ermunterung zum Egozentrismus enthält, wird in Ruth Cohns Auffassung von Selbstverwirklichung nicht nur die individuelle, sondern auch die soziale und ökologische Wirklichkeit ernstgenommen.

„Ich kümmere mich um meine Angelegenheiten, ich bin ich.
Du kümmerst Dich um Deine Angelegenheiten, Du bist Du.
Die Welt ist unsere Aufgabe. Sie entspricht nicht unseren Erwartungen. Doch wenn wir uns um sie kümmern, wird sie sehr schön sein. Wenn nicht, wird sie nicht sein." (Ruth Cohn)

Ziel-, Sinn- und Wertorientierung

Die Humanistische Psychologie und Pädagogik betont die bedeutsame Rolle der Werte, Ziele und der Sinnfrage im menschlichen Leben. Alle Verfahren gehen von der Annahme aus, daß der Mensch, wenn seine elementaren Bedürfnisse (z. B. Essen, Sexualität, Sicherheit, Liebe und Anerkennung) befriedigt sind, nach einem sinnvollen und erfüllten Leben strebt. In einer Zeit der drohenden Zerstörung der Schöpfung fühlen sich immer mehr Menschen von den Verfahren der Humanistischen Psychologie und Pädagogik angesprochen, weil die Orientierung an humanen Werten wie Freiheit, Selbstentfaltung, Gerechtigkeit und Menschenwürde hier einen zentralen Stellenwert besitzt.

Ganzheitlichkeit

Das Prinzip der Ganzheitlichkeit stellt den Versuch dar, Polaritäten wie Leib-Seele-Geist, Denken-Fühlen-Handeln, Mensch-Umwelt zu verbinden.

Aus humanistischer Sicht ist der Mensch ein ganzheitliches Wesen, dessen Fähigkeiten zu fühlen, zu denken und zu handeln gleichberechtigt zusammenwirken. Damit wenden sich die Verfahren der Humanistischen Psychologie und Pädagogik gegen eine Trennung der Leib-Seele-Geist-Einheit des Menschen, die häufig mit einer Überbewertung kognitiver Fähigkeiten einhergeht. Ein umfassendes Verständnis vom Menschen schließt neben der Gleichberechtigung der einzelnen Aspekte auch die Sicht vom Menschen als einmaliges Ganzes mit ein — der Mensch ist mehr als die Summe seiner Teile.

Der besondere Beitrag Ruth Cohns zur Humanistischen Psychologie und Pädagogik ist die Entwicklung eines pädagogisch-therapeutischen Gruppenkonzepts, das die Arbeit an Beziehungen **und** Sachthemen gleichermaßen ernst nimmt. Sie geht damit weit über das Anliegen der Einzel- und Gruppentherapie hinaus, denn sie eröffnet durch die Themen- und Aufgabenzentriertheit ihrer Methode Menschen einen Weg, die sich in ihrem jeweiligen privaten oder beruflichen Betätigungsfeld für ein humaneres Miteinander einsetzen wollen.

7

Gesellschaftstherapeutisches Anliegen der TZI

Mit der Themenzentrierten Interaktion will Ruth C. Cohn das Bewußtsein vieler Menschen sowohl für ihre innere Wirklichkeit als auch für die äußere gefährdete Welt schärfen.

Ruth Cohn schreibt dazu: „. . . TZI war für mich von Anfang an der Ausdruck einer Idee, daß es doch so etwas geben müsse, was wir mitten im Grauen der Welt tun könnten — ihm etwas entgegenzusetzen, kleine Schritte, kleine winzige Richtungsänderungen . . . Ich hatte den Wunsch, eine Bewußtwerdung — wie die Analyse sie einzelnen Menschen ermöglichte — vielen Leuten zugänglich zu machen und vor allem Kinder und Eltern zu erreichen . . . Ich habe damals nicht geglaubt und glaube auch heute nicht, daß menschliche Grausamkeit ein unbekämpfbares Naturgesetz ist, sondern eher eine noch nicht gebrochene Kette von Frustrierung und Dagegenschlagen. Ich glaube nicht, daß es ein Naturgesetz ist, daß Flüchtlinge ins Meer geschüttet werden müssen und Millionen von Kindern verhungern sollen." (1981)

„Es geht um Werte"

In den Axiomen, den Prinzipien und den Methoden der TZI ist das Politische als Dimension menschlicher Existenz nicht nur mitenthalten, es wird sogar besonders hervorgehoben. Die Themenzentrierte Interaktion will gesellschaftsverändernd wirksam sein. Damit ist sie nicht wertneutral; im Gegenteil, sie basiert explizit auf der Werthaltung eines humaneren Lebens in einer menschlicheren Welt.

„Politik der kleinen Schritte"

Jeder einzelne Mensch ist dazu aufgefordert, entsprechend seiner jeweiligen Fähigkeiten einen Beitrag auf dem Weg zu einer humaneren Welt zu leisten, sei es im Rahmen individueller Veränderungen oder durch gesellschaftspolitisches Engagement. Dabei sind es vor allem die konsequent durchgehaltenen „kleinen Schritte", die die großen Veränderungen bewirken. Grund genug, einige an dieser Stelle stichwortartig zu benennen: verpackungsarm und saisonbedingt einkaufen, sich gesund ernähren, den eigenen Müll trennen, öffentliche Verkehrsmittel und das Fahrrad anstatt des Autos benutzen, sich in einer Bürgerinitiative oder Partei engagieren, in einer Menschenrechtsorganisation oder Ökologiegruppe mitarbeiten, die Kindererziehung zu einer partnerschaftlichen Angelegenheit von Frau und Mann machen, sich über die Ursachen der globalen Krisen informieren, mit Konflikten konstruktiver umgehen lernen, an Aktionen des zivilen Ungehorsams teilnehmen, Therapie in Anspruch nehmen, um sich selbst besser zu verstehen und handlungsfähiger zu werden, die männlichen und weiblichen Anteile der Sprache gleichberechtigt benutzen, den Gesamtkonsum im Geiste der freiwilligen Einfachheit einschränken, eine Identität aufbauen, die nicht auf das Erwerbsleben fixiert ist, sich für gesellschaftliche Minderheiten und/oder diskriminierte Menschen einsetzen.

Diese Aufzählung ließe sich beliebig fortsetzen; entscheidend ist nicht die „Größe" eines einmaligen Schrittes, sondern die Kontinuität vieler kleiner Handlungen und Aktionen. In dem Maße, in dem eine immer größer werdende Anzahl von Menschen einen Richtungswechsel einfordert, werden gesellschaftliche Veränderungen unumgänglich. Die von uns nur skizzenhaft angedeuteten Zusammenhänge sind in dem von uns herausgegebenen Buch *Zur Tat befreien — Gesellschaftspolitische Perspektiven der TZI-Gruppenarbeit* detailliert ausgeführt.

TZI als Orientierungshilfe

Die Themenzentrierte Interaktion kann eine wichtige Orientierungshilfe sein, wenn es darum geht, die Richtung der einzelnen Schritte herauszufinden. Der entscheidende Kompaß ist die Wertgebundenheit der TZI, die in besonderer Weise in den Axiomen zum Ausdruck kommt. Damit gewinnt die TZI nicht nur für die Gruppenarbeit, sondern auch für das alltägliche Handeln eine besondere Bedeutung.

Wie die Themenzentrierte Interaktion Menschen auf dem Weg der vielen einzelnen Schritte begleitet und ermutigt, soll an den nachfolgenden Beispielen gezeigt werden:

● Stärkung der Eigenständigkeit der einzelnen im Gruppenprozeß — z. B. gegen Solidaritäts- und

Konformitätsdruck. Dazu gehört auch die Förderung der Bereitschaft, die Verantwortung für sich selbst zu übernehmen (vgl. Chairperson-Postulat). Wenn also die Situation nicht so ist, wie ich sie haben will, was mache ich? Wie schaffe ich Veränderung? Welche Konsequenzen bin ich bereit zu tragen?

● Einübung in konstruktive Konfliktlösung. TZI kann dabei helfen, die eigenen Aggressionen und zerstörerischen Tendenzen zu sehen, zu verstehen und mit ihnen besser umzugehen.

● Einübung in funktionelle Gruppenleitung, d. h. Abbau von hierarchischen Leitungsstrukturen und Förderung eines geschwisterlichen Umgangs. Zu dieser Demokratisierung trägt bei, daß die Gruppenleitenden gleichzeitig auch Teilnehmende sind und daß die Leitungsfunktion von jedem Gruppenmitglied wahrgenommen werden kann. In diesen Zusammenhang gehört auch das immer wieder neue Ringen nach Konsens in einer TZI-Gruppe.

● Förderung des Bewußtseins für Autonomie (Eigenständigkeit) und Interdependenz (Angewiesensein), so daß die menschlichen Entscheidungsspielräume größer und Grenzen deutlicher werden.

● Entwicklung einer sensibleren und offeneren Haltung, d. h. Einübung in eine Kultur des Zuhörens und Verstehenwollens.

● Aufdeckung von gesellschaftlichen Tabus in einer Gruppe. In der TZI-Gruppe ist es möglich, positive und negative Gefühle (z. B. Zuneigung und Ärger) sowie Störungen (z. B. Langeweile und körperliches Unwohlsein) zu äußern.

● Konfrontation mit den eigenen Allmachtsphantasien („Ich muß die Welt ändern, und das heute noch") bzw. den eigenen Ohnmachtsphantasien („Durch mich verändert sich auf dieser Welt sowieso nichts") und statt dessen Einsicht in die Realität. Ruth Cohn prägte dazu folgenden Satz: „Ich bin nicht allmächtig, ich bin nicht ohnmächtig, ich bin partiell mächtig."

Diese Beispiele zeigen, wie Menschen mit Hilfe der TZI-Arbeit ein politisches Bewußtsein erlangen können. Damit ist die Voraussetzung gegeben, um gesellschaftsverändernd aktiv zu werden. Der Wandel des eigenen Bewußtseins ist ein schwieriger und mühevoller Weg, der nicht von heute auf morgen gegangen werden kann. Es sind die immer wiederkehrenden und konkreten Schritte im Alltag, die eine Veränderung bewirken, und dazu ist ein langer Atem nötig.

Angesichts des Ausmaßes der globalen Krisen erscheinen diese kleinen, oft unscheinbaren Schritte wie ein Tropfen auf den heißen Stein. Dennoch gibt es keine Alternative, denn nur wenn viele Menschen den Mut zu den kleinen Schritten finden, werden sich auch die gesellschaftlichen Strukturen verändern, in denen wir leben.

Die Zeit drängt

Die wichtigste Frage ist noch offen: Haben wir überhaupt noch genügend Zeit für diese vielen persönlichen Bewußtseinsveränderungen und die „Politik der kleinen Schritte"?

Für Ruth Cohn ist die Frage nach der Zeit ein Dilemma, das sie wie folgt in Worte faßt:

„Das ist sicher auch mein größtes Problem: Ich weiß, daß aller Wahrscheinlichkeit nach die Zeit nicht reichen wird, um selbst mit vielen kleinen und guten Ansätzen die katastrophale Destruktion der Erde zu verhindern. Ich weiß aber wirklich keinen anderen Weg als den der kleinsten Schritte: mit Freude und mit Demut. Auch im kleinsten Schritt in Richtung der Humanität ist etwas gewonnen — wenigstens im Hier-und-Jetzt, z. B. für ein Kind oder einen Betrieb. Zudem weiß ich, daß die Wahrscheinlichkeitsrechnung in meinem Kopf falsch sein kann und daß sehr viel mehr zu retten sein mag und in eine bessere Richtung führen kann, als ich es jetzt sehe." (1981)

— 8 —
Kritische Würdigung der TZI

Die Themenzentrierte Interaktion wird seit über fünfundzwanzig Jahren im Ausbildungsinstitut für Themenzentrierte Interaktion (WILL-International) und in verschiedenen Institutionen vermittelt und eingeübt. Im deutschsprachigen Raum ist die Themenzentrierte Interaktion das meistangewandte pädagogisch-therapeutische Gruppenarbeitsverfahren. Die schnelle Verbreitung des TZI-Konzepts hängt damit zusammen, daß pädagogische Grundqualifikationen in den üblichen Fachausbildungen und Studiengängen nur in unzureichendem Maße vermittelt werden. So verlassen ausgerechnet diejenigen, die eine intensive Arbeit mit Menschen anstreben, oft die Ausbildungsstätten als sogenannte „soziale Analphabeten". Erst durch den Praxisschock erhalten sie eine nachträgliche und ausgesprochen fragwürdige „pädagogische Qualifizierung".

Das Gruppenkonzept der Themenzentrierten Interaktion arbeitet diesem Mangel entgegen, denn es vermittelt eine humanistische Grundhaltung und Methode, deren Bedeutsamkeit den meisten Menschen unmittelbar einleuchtet. Die TZI benennt scheinbare Selbstverständlichkeiten im menschlichen Miteinander und zeigt einen Weg auf, wie diese menschlicheren Umgangsweisen eingeübt werden können.

Gleichwertigkeit von Sach- und Beziehungsebene

Die besondere Stärke der Themenzentrierten Interaktion liegt in der **gleichwertigen** Verbindung von Sach- und Beziehungsebene. Während humanistische Verfahren oft einseitig den Beziehungsaspekt in einer Gruppe betonen, steht in Arbeitszusammenhängen wie Hochschule, Politik und Wirtschaft der inhaltliche Aspekt im Vordergrund. Das Konzept der TZI dagegen nimmt den Menschen in seiner Ganzheit und Vielschichtigkeit ernst — die Anwendung der Methode ist daher sowohl im Bereich der Selbsterfahrung und Therapie als auch in thematischen und aufgabenbezogenen Handlungsfeldern eine wesentliche Bereicherung für die betreffenden Menschen. Mit Hilfe der TZI ist es möglich, sowohl sich selbst und andere besser verstehen zu lernen, als auch kognitiv-inhaltlich zu arbeiten.

Flexible Ausbildungsstruktur

Die Themenzentrierte Interaktion ist eine mittelfristig gut erlernbare Methode. Im Vergleich zu anderen Gruppenarbeitsverfahren bewegen sich die Kosten für Kennenlern- und Ausbildungskurse im unteren Bereich. Darüber hinaus kann die mehrjährige Ausbildung in ihrer zeitlichen Struktur sehr flexibel gestaltet werden und läßt so den verschiedenen Bedürfnissen der einzelnen genügend Raum.

Auf die vielseitige Anwendungsmöglichkeit der TZI ist es zurückzuführen, daß sich in den TZI-Kursen

Menschen aller Altersstufen aus den unterschiedlichsten Arbeitsfeldern und Tätigkeitsbereichen zusammenfinden, die in ihrem Alltag sonst nicht miteinander lernen und arbeiten würden. Dies ist für alle Beteiligten eine große Bereicherung.

Ideal versus Realität

Kritisch dagegen ist anzumerken, daß eine Auseinandersetzung mit den Hintergründen der gegenwärtigen und kommenden globalen Krisen — wie überhaupt in allen Verfahren der Humanistischen Psychologie und Pädagogik — auch in der TZI-Ausbildung bis heute zu kurz kommt.

In unseren Ausführungen ist deutlich geworden, daß der gesellschaftstherapeutische Ansatz das zentrale Anliegen der Begründerin der TZI ist, was sich auch unmittelbar im Konzept der TZI (vgl. z. B. die Axiome) widerspiegelt. In der Praxis jedoch kommen diese überlebenswichtigen Themen oftmals nicht zur Sprache, weil die individuelle Selbsterfahrung sehr viel Raum und Zeit einnimmt. In der TZI-Arbeit wird es daher entscheidend darauf ankommen, sich der Gefühle angesichts der allgegenwärtigen Bedrohung durch die Zerstörung unserer Welt und des wachsenden Elends der Hälfte der Erdbevölkerung bewußt zu werden. Das Zulassen der damit verbundenen Emotionen ermöglicht deren Bearbeitung und kann innere Kraftquellen freisetzen, die konkrete Handlungsschritte möglich machen. So kann die Bereitschaft und der Einfallsreichtum der Menschen für die Bewahrung des Lebens auf unserem Planeten vergrößert werden.

TZI — eine hohe Kunst

Abschließend möchten wir noch auf eine Schwierigkeit im Umgang mit der Themenzentrierten Interaktion hinweisen. Die Themenzentrierte Interaktion ist ein genial einfaches und zugleich höchst anspruchsvolles Gruppenarbeitsverfahren. Auf den ersten Blick erscheint das TZI-Konzept leicht verständlich und einfach zu praktizieren. Dies mag mit der überschaubaren Anzahl von grundlegenden Annahmen zusammenhängen, aber auch mit den „Selbstverständlichkeiten", die in den Axiomen der TZI zum Ausdruck kommen. Erst auf den zweiten Blick wird deutlich, daß TZI mehr ist als das Kennen der Axiome und das Beachten der Hilfsregeln. Es ist eine hohe Kunst, TZI im alltäglichen Leben umzusetzen, denn die psychosoziale Wirklichkeit entspricht oft nicht den Wertvorstellungen der TZI. Daher bedarf es einer langen Einübung in die Haltung und die Methode der Themenzentrierten Interaktion, wie sie in der mehrjährigen TZI-Ausbildung angeboten wird.

9

Inge macht sich auf den Weg — oder: TZI ist einfacher gesagt als getan!

Mittwoch morgen, 8.30 Uhr. Gut gelaunt und etwas früher als gewöhnlich erscheint Inge an ihrem Arbeitsplatz in der Volkshochschule. Sie brennt darauf, ihrer Kollegin Brigitte von den Eindrücken und Erfahrungen zu erzählen, die sie im TZI-Kurs gemacht hat. Enttäuscht stellt sie fest, daß in der Volkshochschule noch niemand anwesend ist, und so geht sie in ihr Büro. Auf ihrem Schreibtisch wartet ein unübersehbarer Stapel neuer Papiere, doch entgegen ihrer Gewohnheit, sofort mit der Arbeit zu beginnen, kocht sie erst einmal eine große Kanne Kaffee. Auch die Blumen müßten mal wieder gegossen werden, denkt Inge, und während sie die Gießkanne mit Wasser füllt, hört sie die Schritte ihres Chefs im Flur. Mit einem energischen „Guten Morgen, Frau Wallbott — schön, daß Sie wieder im Lande sind. Sie hatten sicher ein paar angenehme Tage!" betritt er das Zimmer. Inge grüßt zurück, doch bevor sie noch etwas hinzufügen kann, redet Herr Wagner schon weiter: „Na, haben Sie schon die Unterlagen durchgesehen, die ich Ihnen auf den Schreibtisch gelegt habe? Sie wissen ja, die Ausschreibungstexte in der roten Mappe müssen bis spätestens Freitag erledigt werden. Aber wie ich Sie kenne, schaffen Sie das schon." Inge bietet ihrem Chef eine Tasse Kaffee an, doch dieser lehnt dankend ab und verschwindet in seinem Zimmer.

Zwischenzeitlich ist auch ihre Kollegin Ute gekommen. Diese grüßt Inge nur kurz und macht sich sofort an die Erledigung dringender Telefonate. Endlich betritt Brigitte die Büroräume, die Kollegin, mit der Inge sich am besten versteht. „Hallo Inge, du hast ja Kaffee gekocht. Wie passend, heute morgen ist nämlich schon wieder so viel passiert, daß ich noch keine Zeit zum Frühstücken hatte. — Aber berichte du doch erst einmal von deinem Kurs."

Die beiden Frauen setzen sich, und Inge erzählt mit großer Begeisterung von dem Ablauf des Kurses, von den Gruppenleitenden und den neuen Menschen, die sie dort kennengelernt hat. „Am meisten hat mich die Umgangsweise beeindruckt, die auf diesem Kurs herrschte. Ich habe mich zu jeder Zeit sehr ernst genommen und akzeptiert gefühlt und fand es faszinierend, mit welcher Selbstverständlichkeit und Unaufdringlichkeit Stefan und Verena die Gruppe leiteten."

„Das klingt ja alles ganz schön", unterbricht Brigitte sie, „aber ich weiß immer noch nicht, was denn jetzt eigentlich TZI ist."

„So ganz genau ist mir das auch noch nicht klar", gibt Inge zu, „aber es hat auf jeden Fall etwas mit der Atmosphäre zu tun, die während der Seminartage herrschte. Es wurde zum Beispiel immer wieder nachgefragt, was wir eigentlich selbst wollen. Gleich zu Beginn des TZI-Kurses wurde abgeklärt, ob wir lieber mit ‚Du' oder ‚Sie' angesprochen werden möchten. Auch hätte ich gar nicht gedacht, daß das Arbeiten an dem Kursthema ‚Hilfe, ich bin überfordert!' so viel

Freude machen kann. Wir haben nämlich nicht auf einer theoretischen Ebene an dem Thema gearbeitet, sondern immer wieder den Bezug zu uns hergestellt. Vieles ist mir dabei über mich selbst klar geworden, und ich habe große Lust bekommen, da weiterzumachen."

Inge gerät regelrecht ins Schwärmen und berichtet ausführlich über weitere Einzelheiten des Kurses. Brigitte hört ihr aufmerksam zu und fragt schließlich: „Was mir überhaupt noch nicht einleuchtet ist, wie denn TZI für unsere Arbeit hier hilfreich sein kann?"

„Da kann ich dir gleich eine Episode von heute morgen erzählen. Statt daß unser ‚lieber‘ Chef mich mal fragt, was ich denn auf dem Kurs erlebt habe und wie es mir ergangen ist, fällt ihm nichts Besseres ein, als mich an die liegengebliebene Arbeit zu erinnern. Alles, was nicht direkt mit Volkshochschule zu tun hat, interessiert ihn nicht. Ich muß ja schon froh sein, wenn er mir einen guten Morgen wünscht."

„Ja, das kann ich verstehen", meint Brigitte. „Ich würde einen persönlicheren Umgang auch schön finden. Doch weiß ich nicht, wie wir dies — mit oder ohne TZI — erreichen können."

Draußen öffnet sich eine Tür, und die beiden Frauen verstummen. Kurz darauf betritt Herr Wagner mit einem Stapel Post unter dem Arm das Zimmer. „Die Damen sind noch immer beim Kaffeetrinken. — Es muß ja viel zu erzählen geben. Aber vergessen Sie mir das Arbeiten nicht. Ich habe schon mal die Post sortiert, es ist auch für Sie beide etwas dabei." Er überreicht ihnen die Post, und so schnell, wie er gekommen ist, verschwindet Herr Wagner auch wieder. Brigitte und Inge tauschen einen vielsagenden Blick aus. „Siehst du, das meine ich", sagt Inge erregt. „Persönliches hat hier einfach keinen Platz — kein Wunder, daß wir so ein nüchternes Arbeitsklima haben."

„Du hast völlig recht, aber laß uns jetzt mal mit der Arbeit anfangen, sonst bekomme ich wirklich noch ein schlechtes Gewissen", meint Brigitte.

Bis zur Teambesprechung, die am Nachmittag stattfindet, arbeitet Inge konzentriert und gönnt sich auch nur eine kurze Mittagspause.

Pünktlich um 14.00 Uhr eröffnet Herr Wagner die Teamsitzung. Förmlich begrüßt er die Anwesenden und verliest die zu besprechenden Tagesordnungspunkte. Wie jedesmal geht es um die Klärung organisatorischer und konzeptioneller Fragen, die im letzten Monat aktuell geworden sind, und wie jedesmal gibt es auch heute sehr viel zu besprechen, so daß Herr Wagner für die einzelnen Tagespunkte nur wenig Zeit einräumt. Verschiedentlich drängt er auf eine schnelle Entscheidung, als sich eine ausführliche Diskussion anzubahnen beginnt. Inge wird unruhig. Einerseits möchte sie pünktlich Schluß machen, andererseits erlebt sie heute deutlicher als sonst ihre Unzufriedenheit über die unpersönliche und mit Themen vollgeladene Teamsitzung. „Es ist immer dasselbe", denkt sie, „innerhalb eines Monats hat sich so viel angesammelt, daß wir nichts in Ruhe besprechen können." Diese Gedanken bewegen Inge während der gesamten Teamsitzung. Am Ende nimmt sie sich ein Herz und schlägt vor, die Teamsitzungen in kürzeren Abständen stattfinden zu lassen, um ruhiger und persönlicher miteinander reden zu können. Ihre Kolleginnen sind von ihrem Vorstoß ein wenig überrascht, und ihr Chef bügelt ihn mit den Worten ab: „Frau Wallbott, seit Jahren hat sich unsere monatliche Teamsitzung bewährt, und daher sehe ich keinen Grund, hier irgend etwas zu verändern." Mit einer derart klaren Abfuhr hatte Inge nicht gerechnet, und so schweigt sie bis zum Ende der Besprechung.

Auf dem Weg nach Hause spürt sie ihren Ärger und ihre Resignation. Sie denkt an den TZI-Kurs: „Wie anders war doch der Umgang miteinander dort, und warum ist es ausgerechnet an meiner Arbeitsstelle so schwierig, etwas davon umzusetzen?" Spontan entschließt sie sich, Verena anzurufen.

Verena ist erstaunt, Inges Stimme am anderen Ende der Telefonleitung zu hören: „Mit einem Anruf von dir hätte ich nicht gerechnet, aber trotzdem schön, mit dir zu sprechen." Inge berichtet von ihrer Unzufriedenheit über den ersten Arbeitstag nach dem TZI-Kurs. Verena hört eine Zeitlang aufmerksam zu und gibt Inge dann eine Rückmeldung: „Ich finde es immer wieder neu bewundernswert, mit wieviel Energie du an neue Aufgaben herangehst. Das habe ich dir ja auch schon während des Kurses gesagt. Du willst alles mögliche sofort, doch damit überforderst du nicht nur dich, sondern auch die anderen. So, wie du deinen Chef beschreibst, ist dies ein Mensch, der klare Strukturen braucht und dem Veränderungen erst einmal Angst machen. Da ist es kein Wunder, daß er autoritär reagiert. Aber was ist denn mit Brigitte? Sie scheint dir doch gut gesonnen zu sein — kannst du sie nicht für deine Ideen gewinnen?" Im weiteren Verlauf des Gespräches wird Inge klar, daß sie in der Teamsitzung mit ihrem Vorschlag einen Alleingang gestartet hat, der von vornherein zum Scheitern verurteilt war. Sie war zu schnell, und ihr fehlte die Rückenstärkung der Kolleginnen. Verena ermutigt sie, an ihren Ideen festzuhalten, in Zukunft jedoch bewußter das Gespräch mit ihren Kolleginnen zu suchen. „Und", so ergänzt Verena, „erwarte keine Wunder — weder von TZI noch von dir, noch von deiner Umgebung. Veränderungen brauchen Zeit und gehen meist nur in kleinen Schritten vor sich, wichtig ist, dranzubleiben." Sie plaudern noch eine Weile, und nach dem Telefongespräch ist Inge versöhnlicher auf ihren Chef gestimmt. Sie ist gespannt, was in Zukunft noch passieren wird. Auf jeden Fall ist ihr jetzt schon klar, daß sie bei nächster Gelegenheit wieder einen TZI-Kurs besuchen wird, um für sich selber dazuzulernen und auch Ideen für die Veränderung ihrer Situation am Arbeitsplatz zu bekommen.

In den nächsten zwei Jahren intensiviert Inge ihre Beschäftigung mit TZI. Sie besucht noch zwei weitere Persönlichkeitskurse, für die sie sogar extra Urlaub nimmt, und einen Methodenkurs. Außerdem schließt sie Kontakt zu ihrer TZI-Regionalgruppe und nimmt an deren regelmäßig stattfindenden Treffen teil. Mit Verena entwickelt sich eine freundschaftliche Beziehung. Die beiden Frauen telefonieren oft miteinander und verbringen auch ab und zu einen gemeinsamen Samstagnachmittag. Als es sich einmal anders nicht einrichten läßt, nimmt Inge ihren Sohn mit zu Verena. Peter freundet sich schnell mit Verenas Kindern an, und abends ist es beschlossene Sache, daß Thilo und Laura bei Verenas nächstem Gegenbesuch mitkommen werden. So beginnt auch zwischen den Kindern eine Freundschaft zu wachsen, und als das neue TZI-Jahresprogramm herauskommt, macht Verena Inge auf einen Kurs in den Ferien aufmerksam und bietet ihr gleichzeitig an, während dieser Zeit Peter zu sich zu nehmen. Für Inge ist dies wie ein Geschenk, wollte sie doch einerseits gerne den einen und anderen TZI-Kurs besuchen, hatte jedoch andererseits bereits große Bedenken, Peter so oft bei ihren Eltern zu lassen. Als Peter von der Idee erfährt, ist er ganz begeistert, und Inge entschließt sich, das Angebot ihrer Freundin anzunehmen. Gleich am nächsten Tag meldet sie sich zu dem berufsspezifischen Aufbaukurs an mit dem Thema „Macht und Hierarchie in Institutionen".

Ein halbes Jahr später ist es soweit. Inge hat schon ein gewisses Maß an Routine entwickelt, was die Vorbereitungen für den Kurs angeht. Der TZI-Kurs findet in einer kirchlichen Tagesstätte in Süddeutschland statt, so daß es kein allzugroßer Umweg ist, Peter bei Verena vorbeizubringen. Dieser ist auch gleich mit

Thilo und Laura im Kinderzimmer verschwunden. So können die beiden Frauen noch in Ruhe eine Tasse Kaffee trinken, bevor sich Inge dann auf den Weg macht. Inge ist neugierig auf den Kurs und auf die Menschen, denen sie begegnen wird. Sie freut sich schon auf Margarete, die mit ihr im Methodenkurs war und deren Name auch diesmal wieder auf der TeilnehmerInnenliste steht.

Insgesamt fühlt sich Inge zur Zeit sehr gut, vieles geht ihr leicht von der Hand, und selbst über die Probleme am Arbeitsplatz kann sie gelassen nachdenken. In dieser gelösten Stimmung erlebt sie auch den Einstieg ins Seminar. Die Sitzordnung im Stuhlkreis ist ihr schon sehr vertraut. Selbstbewußt sucht sie sich den Platz neben der Leiterin aus. Von hier aus blickt sie mit offenem Gesicht in die Runde. Inge registriert eine leichte Aufregung in der Stimme der Leiterin Bettina, als diese zu sprechen beginnt; sie nimmt ebenfalls bei einigen anderen Gruppenteilnehmenden deutliche Zeichen von wachsender Unruhe während der Vorstellungsrunde wahr. Christian, der Co-Leiter, wird sogar ein wenig rot, als er zum erstenmal das Wort ergreift. Aus einem Gefühl heraus, dies alles zu kennen, es jedoch bereits hinter sich gelassen zu haben, bleibt Inge sehr ruhig.

Von Anfang an wird die Gruppe von Bettina und Christian zu einer intensiven Arbeit am Thema angeleitet. Durch Phantasiereisen, Malübungen und einen Austausch in Kleingruppen werden die einzelnen angeregt, sich ihre jeweilige Situation am Arbeitsplatz vorzustellen und eine Vision von dem zu entwickeln, was sie verändern möchten und wie sie dabei vorgehen wollen. Nachdem die Teilnehmenden ihr persönliches Projekt gefunden haben, an dem sie während dieses Seminars arbeiten wollen, schreiben sie es auf eine Karteikarte. Bettina fordert dazu auf, daß einer nach dem anderen sein Kärtchen im Plenum vorliest und es auf den Boden legt. Gemeinsam ordnen die Teilnehmenden ihre Kärtchen nach Themenschwerpunkten. Um die einzelnen Themenschwerpunkte bilden sich Kleingruppen, die im Anschluß daran zu ihren Themen ein gemeinsames Oberthema formulieren, nicht ohne jedoch dabei genau herauszuarbeiten, wo neben den Gemeinsamkeiten für die einzelnen auch die Unterschiede liegen.

Die Gruppen haben nun die Aufgabe, zu ihrem Oberthema exemplarisch ein Rollenspiel zu erarbeiten, das im weiteren Verlauf des Seminars der Gesamtgruppe vorgespielt werden soll.

Inges anfängliche Gelassenheit weicht während dieser Sitzungseinheiten einer distanzierten Haltung. Sowohl was den Prozeß in der Gruppe als auch die Arbeit am Thema angeht, spürt sie zwar Interesse, kann zu sich selbst jedoch keinen direkten Bezug herstellen. „Das ist ja alles ganz wichtig, was hier bei den anderen passiert", denkt Inge, „mit meiner jetzigen Situation hat dies aber wenig zu tun." Es fällt ihr schwer, ihr persönliches Projekt für dieses Seminar präzise zu formulieren. Sie engagiert sich daher auch während der Bildung der Schwerpunktthemen nur zurückhaltend und ist froh, in einer Kleingruppe unterzukommen, die am Thema „Meine Ohnmacht am Arbeitsplatz als Anfang eines neuen Weges" arbeiten will.

Zunächst nimmt sich die Fünfergruppe Zeit für ein Gespräch, in dem sich alle miteinander bekannt machen und kurz ihre Situation am Arbeitsplatz skizzieren. Erst in der zweiten Runde wird das Thema „Meine Ohnmacht am Arbeitsplatz" näher beleuchtet. Nacheinander stellen Burkhard, Inge, Hendrik, Marina und Karin eine Arbeitsplatzszene vor, in der sie deutlich ihre Ohnmacht gespürt haben. An jedes einzelne Statement schließt sich eine Phase intensiven Nachfragens an, und zum Schluß einigt sich die Gruppe darauf, die von Burkhard geschilderte Szene der Gesamtgruppe als Rollenspiel vorzutragen.

Burkhard ist freier Journalist beim Westdeutschen Rundfunk. Neben den vielen Privilegien, die ihm sein Status als sogenannter „Freier" einbringt, hat er immer wieder um die Urheberrechte an seinen eigenen Beiträgen zu kämpfen. Denn sein Vorgesetzter hängt sich gerne an die erfolgversprechenden Recherchen an, die Burkhard in den Teambesprechungen vorstellt, und läßt sie nach der Fertigstellung des Beitrags im besten Fall als Co-Produktion erscheinen. Es ist aber auch schon vorgekommen, daß Burkhards Name überhaupt nicht erwähnt wurde.

Thema des Rollenspiels ist eine Teamsitzung, in der über die Vergabe personeller und finanzieller Unterstützung für zukünftige Projekte diskutiert und entschieden wird. Beteiligt sind Burkhard und drei festangestellte Mitarbeiter als Antragssteller für verschiedene Projektideen sowie der Chef, der Burkhards Recherchen nur für den Fall finanziell unterstützen will, wenn er selbst die Rechte an dem fertigen Beitrag übertragen bekommt. Die festangestellten Mitarbeiter, deren Berichterstattung aus thematisch vorgegebenen Gebieten erfolgen muß, neiden dem freien Mitarbeiter dessen breites Themenspektrum und stehen daher in der Diskussion tendenziell auf der Seite ihres Chefs.

Die Verteilung der Rollen geht zügig vonstatten. Burkhard will sich selbst spielen. Als Karin, Marina und Hendrik übereinstimmend die Rolle des Chefs ablehnen, erklärt sich Inge spontan dazu bereit. Ihr erscheint diese Rolle weder besonders reizvoll noch in irgendeiner Weise bedrohlich. Noch immer findet sie sich nicht so ganz in der Thematik ihrer Arbeitsgruppe wieder, aber sie hat Lust auf ein Rollenspiel und kann sich gut auf die Vorbereitung der zu spielenden Szene einlassen.

Die nächsten Sitzungen finden im Plenum statt und sind jeweils der Vorstellung eines Rollenspiels gewidmet. Inges Kleingruppe entschließt sich anzufangen, und Bettina bittet die Zuschauenden, folgende Beobachtungsaufgaben zu übernehmen: „Wer gibt Macht und Verantwortung ab? Und wie offen bzw. verdeckt geschieht dies?" Nachdem sich mindestens zwei Zuschauende verbindlich für die Beobachtung einer Person im Rollenspiel gemeldet haben, gibt Bettina die Bühne frei für Inges Kleingruppe.

Die fünf Mitspielenden bauen einen Tisch und mehrere Stühle auf. Burkhard und Inge setzen sich einander gegenüber, die drei anderen nehmen ihre Plätze an den Längsseiten des Tisches ein. Selbstsicher und mit einer Spur Arroganz eröffnet Inge die Teamsitzung. Mit aufforderndem Blick fragt sie reihum, wie sich die bestehenden Projekte entwickelt haben und ob es neue Projekte gibt. Burkhard erläutert sein neues Vorhaben — er will einen Beitrag zum Thema „Kinderpornographie" produzieren und legt eine Aufstellung der zu erwartenden Unkosten vor. Während seine Kollegen sich nur zurückhaltend äußern, zeigt sich sein Chef an dem Vorhaben sehr interessiert und beschließt gegen Burkhards Willen, in das Projekt mit einzusteigen. Inge macht es sichtlich Spaß, ihre Interessen immer konsequenter zu vertreten, während Burkhard in seiner Argumentation zusehends schwächer wird. Doch bevor dieser resigniert und sich aus dem Projekt zurückzieht, lenkt Inge ein. Auf kollegiale Weise ermutigt sie Burkhard, mit den Recherchen fortzufahren, und stellt auch eine solide Finanzierung in Aussicht. Mit einem vielsagenden Blick auf die Uhr und dem Satz „Alles weitere wird sich zur gegebenen Zeit schon noch regeln, Herr Lohmann" verabschiedet sich der Chef und verläßt die Teambesprechung. Burkhard und seine Kollegen bleiben ratlos und schweigend zurück.

An dieser Stelle schaltet sich Bettina ein und schlägt vor, das Rollenspiel hier abzubrechen. Zunächst haben die Spielenden Gelegenheit, der Gruppe mitzuteilen, wie es ihnen ergangen ist. Inge ergreift als erste das Wort: „Ich bin völlig überrascht, wieviel Spaß es mir gemacht hat, die Rolle des Chefs zu spielen. Und auch jetzt geht es mir richtig gut. Ich fühle mich zum ersten Mal seit Beginn des Seminars innerlich beteiligt, und dabei hatte ich mir gar nichts dabei gedacht, als ich mich für die Chefrolle entschied. Offensichtlich liegt mir das", fügt sie noch lachend hinzu. Für diese Äußerung erntet sie einen unfreundlichen Blick von Burkhard, der sich sichtlich unwohl fühlt: „Ich kann mich noch gar nicht aus dem Rollenspiel lösen, ich fühle mich von dir, Inge, irgendwie überfahren und von euch dreien jämmerlich im Stich gelassen." Hendrik, Karin und Marina berichten übereinstimmend von einem „Statistengefühl" während des Rollenspiels; alle drei sind sich ziemlich überflüssig vorgekommen. Christian bedankt sich für die Mitteilungen und bittet nun das Plenum um Rückmeldung.

Die ersten spontanen Äußerungen aus dem Plenum bestätigen im großen und ganzen die Einschätzung der Spielenden, je nachdem, ob sich die einzelnen eher mit Inge, Burkhard oder den drei Kollegen identifiziert haben. Darüber hinaus gibt es folgende Beobachtungen: Inge hat sich in ihrer Rolle eindeutig die Macht genommen. Dies geschah vordergründig auf Kosten der anderen, vor allem auf Kosten von Burkhard. Beim genauen Hinschauen stellt sich jedoch heraus, daß sowohl Burkhard als auch Inge der entscheidenden Auseinandersetzung aus dem Weg gegangen sind. Beide haben in dem Gespräch alles dafür getan, den unterschwelligen Konflikt verdeckt zu halten, so daß die Situation bis zum Schluß ungeklärt blieb. Im weiteren Verlauf der Sitzung arbeitet die Gruppe vertiefend an dem Phänonem des Wechselspiels zwischen Abgabe von Verantwortung auf der einen Seite und Zunahme von Macht auf der anderen Seite. Inge wird dabei bewußt, wie sehr sie in einem „Entweder-oder"-Denken gefangen ist: „Entweder habe ich als Chef die Macht", denkt Inge, „oder aber ich bin als Mitarbeiterin abhängig und fühle mich daher ohnmächtig."

Bettina weist in diesem Zusammenhang auf einen Satz von Ruth Cohn hin: „Ich bin nicht allmächtig, ich bin nicht ohnmächtig — ich bin partiell mächtig." Dieser Satz wird zum Leitmotiv für die weitere Seminararbeit, bei der sich Inge sehr engagiert. Sie ist endlich bei ihrem Thema angekommen und kann ihre Arbeitssituation in einem neuen Licht sehen. Als Mitarbeiterin in ihrer Volkshochschule steht sie natürlich in einem Abhängigkeitsverhältnis zu ihrem Chef. Dies ist eine Realität, die sie akzeptieren muß. Gleichzeitig ist sie damit aber nicht nur ohnmächtig. Auch als Angestellte verfügt sie über einen Freiheitsspielraum. In dem Moment, in dem sie beginnt, diesen Freiheitsspielraum zu erweitern, muß sie aber auch mit Widerständen und Rückschlägen rechnen. Nach ihrer bisherigen Sichtweise interpretierte sie jegliche Widerstände als Bestätigung der eigenen Ohnmacht und zog sich sofort wieder zurück. Durch die Auswertung des Rollenspiels begreift sie, daß Widerstände, seien es die des eigenen Chefs oder die der Kolleginnen, Teil des

Veränderungsprozesses sind. Wenn Inge beispielsweise die Atmosphäre in ihren Teamsitzungen persönlicher gestalten will, dann braucht sie für dieses Vorhaben Ausdauer und auch die Unterstützung von ihren Kolleginnen. Ein einmaliges, kurzfristiges Engagement bringt selten die gewünschte Veränderung, sondern in der Regel sind viele kleine Schritte notwendig, die gut überlegt und mit den anderen abgestimmt sein müssen.

Ähnliche Gedanken hatte ihr Verena ja auch schon einmal bei ihrem ersten Telefongespräch mitgeteilt — damals, vor fast zweieinhalb Jahren hatte sie zwar die Worte gehört, innerlich angesprochen fühlt sie sich aber erst heute in der aktuellen Seminarsituation. „So einfach alles auch klingt", denkt Inge, „TZI ist in der Tat nichts, was ich heute höre und morgen schon problemlos umsetzen kann. Die Beschäftigung mit TZI wird mich auch weiterhin in meiner Persönlichkeit verändern, ich lerne, mutiger zu der Inge zu stehen, die ich eigentlich bin, und kann mich mehr und mehr von dem Bild verabschieden, wie ich oder andere mich gerne hätten. Dazu brauche ich Menschen, die mich unterstützen, wenn ich mit meinem neuen Profil in meiner gewohnten Umgebung anecke — und diese Menschen habe ich hier gefunden." Inge fühlt sich bestärkt und ermutigt. Sie hat das Gefühl, auf dem richtigen Weg zu sein, und genießt die restlichen Seminartage in vollen Zügen.

Es ist Freitag morgen. Das Seminar geht zu Ende. Nacheinander bitten Bettina und Christian die Gruppe um ein Feedback zum Thema „Was hat mir an dir, deiner Person und deiner Art zu leiten gefallen bzw. mißfallen?" Das Feedbeck ist ausführlich und differenziert und nimmt den ersten Teil der Morgensitzung in Anspruch. Christian, der für die Co-Leitung dieses Kurses seine dritte Empfehlung haben möchte, erhält sowohl von der Gruppe als auch von Bettina eine sehr ermutigende Rückmeldung. Er freut sich sehr darüber, denn für ihn ist nun die TZI-Ausbildung so gut wie abgeschlossen.

Inge ist fasziniert von der ehrlichen und zugleich kritischen Rückmeldung, die Christian erhalten hat, und in Gedanken spielt sie durch, wie es ihr wohl ginge, säße sie an Christians Stelle. Der Gedanke kommt Inge nicht mehr fremd vor — im Gegenteil, sie spürt eine große Bereitschaft, auf dem TZI-Ausbildungsweg weiterzugehen und sich damit auch immer wieder neu auf das Wagnis aufrichtiger Rückmeldungen einzulassen.

Die letzte Seminarsitzung steht unter dem Thema Abschied. Im Plenum haben die Seminarteilnehmenden zum letzten Mal die Gelegenheit, sich unter der Fragestellung „Ich nehme Abschied — was ich dir noch sagen will, was ich von dir noch hören will" auszutauschen. Inge nutzt diese Gelegenheit, Margarete und Hendrik direkt zu fragen, ob sie sich Inge als Leitungsperson vorstellen können. Von beiden erhält sie übereinstimmend die Rückmeldung, daß sie durchaus genügend Potential für eine solche Aufgabe hat, aber auch noch Zeit braucht, um dieses Potential zu entfalten. Inge kann dieses Feedback gut annehmen und bedankt sich bei den beiden.

Das Seminar endet mit einer symbolischen Abschiedsübung. Bettina bittet die Teilnehmenden, sich im Kreis aufzustellen, einen guten Stand zu finden und die Augen zu schließen. In Form einer gelenkten Phantasiereise führt sie die Gruppe an den Anfang des Seminars zurück: „Stell' dir vor, wie du dich zu Beginn dieses Seminars gefühlt hast. Du warst allein mit dir, ohne Verbindung zum Du, zum Wir, zum Thema. Gehe jetzt langsam mit geschlossenen Augen in Richtung Mitte. Du bewegst dich auf das Wir zu, wie du es im Kurs getan hast. Gehe, bis du Kontakt zu anderen fühlst — spüre und genieße die Begegnung. Löse dich jetzt aus dem ‚Wir' und gehe langsam wieder zurück an deinen Platz. Du bist jetzt wieder allein, so allein, wie du am Anfang des Kurses warst, zugleich aber auch bereichert um die Erfahrungen, die du mit dir, den anderen und dem Thema während unserer gemeinsamen Zeit gemacht hast. Drehe dich jetzt um und blicke auf das, was jetzt vor dir liegt: Hast du einen kurzen oder langen Weg nach Hause? Wirst du dort alleine sein? Gibt es jemanden, der dich erwartet? Wirst du Zeit haben, das Seminar in dir nachklingen zu lassen, oder warten liegengebliebene Arbeiten auf dich? — Du läßt jetzt endgültig den Kurs hinter dir. Gehe dazu symbolisch ein paar Schritte nach außen."

Inge hilft diese Übung, sich innerlich vom TZI-Kurs zu lösen, und sie kann sich jetzt gut von den anderen Teilnehmenden persönlich verabschieden.

10

Zur TZI-Ausbildung

Unter der Dachorganisation von WILL-International (Werkstatt-Institut für Lebendiges Lernen) haben sich zahlreiche regionale Ausbildungsinstitute in verschiedenen Ländern zusammengeschlossen. In deren jeweiligen Aus- und Fortbildungsangeboten können interessierte Menschen die Themenzentrierte Interaktion erleben und erlernen.

Die einzelnen Kurse dauern im Regelfall fünf Tage und kosten zwischen 300,— DM und 550,— DM Kursgebühr. Hinzu kommen die Kosten für Übernachtung und Verpflegung. Die Kurse unterteilen sich in sogenannte Basiskurse, die prinzipiell für alle interessierten Personen offen sind, und in Aufbaukurse für Fortgeschrittene, die nur nach entsprechender TZI-Vorerfahrung besucht werden können. Insgesamt sind bis zum TZI-Diplom mindestens 13 TZI-Kurse, etwa 15 Tage Wahlarbeitsgruppe, in denen mindestens zwei andere Gruppenmethoden kennengelernt werden sollen, sowie eine kontinuierliche und teilweise supervidierte Peer-Gruppenarbeit erforderlich.

Wer sich für eine TZI-Ausbildung entscheidet, orientiert sich an den Ausbildungsrichtlinien und absolviert die in Frage kommenden Kurse weitgehend in Übereinstimmung mit den individuellen, also berufs-, interessens- und situationsspezifischen Bedürfnissen. Dementsprechend schwankt die Dauer der Ausbildung zwischen minimal vier Jahren und einer nach oben offenen Grenze. Übergeordnetes Ziel der inhaltlichen und zeitlichen Ausbildungsgestaltung der einzelnen Person ist das lebendige Lernen, das sich an der jeweiligen persönlichen und gesellschaftlichen Situation sowie an den Bedürfnissen und Möglichkeiten der einzelnen orientiert.

Die erfolgreiche Absolvierung der einzelnen Ausbildungsschritte führt zum TZI-Diplom und berechtigt, Gruppen nach der Methode der Themenzentrierten Interaktion zu leiten.

An das TZI-Diplom kann nach einigen Jahren praktischer Erfahrung eine Ausbildung zur Erreichung der Lehrbefähigung von TZI (Graduierung) angeschlossen werden.

Das Jahresprogramm und die Ausbildungsrichtlinien können angefordert werden bei:

WILL-International
— Sekretariat —
c/o G. A. W.
St. Alban-Rheinweg 222
CH-4006 Basel
Telefon: 0041/61-3 17 66 01
Telefax: 0041/61-3 17 66 67

Kontaktadressen der Regionalinstitute von
Will-International:

WILL-Amerika
c/o Nicole Neiman
67 Riverside Drive, New York, NY 10024
Tel.: 001-212-8772112

WILL-Belgien/Niederlande
c/o Rien Gieben
Bosboom Toussaintplein 71, NL - 2624 GD Delft
Tel.: 0031-15-622334

WILL-Berlin
c/o Ingrid Kleiner
Nienkemperstr. 31a, D - 14167 Berlin
Tel.: 030-8175730

WILL-Deutschland-Mitte
c/o Dr. Gerhard Härle
Gisselberger Str. 15, D - 35037 Marburg
Tel.: 06421-21792

WILL-Deutschland-Ost
c/o Udo Czapp
Friedrich-Ebert-Str. 39, D - 14469 Potsdam
Tel.: 0331-25938

WILL-Deutschland-Südwest
c/o Erika Schassan
Sundgaustr. 10, D - 65201 Wiesbaden
Tel.: 0611-22812

WILL-Dreyecksland
c/o Ulrike Geissler
Frankenweg 3, D - 79117 Freiburg
Tel.: 0761-63561

WILL-Franken
c/o Helmut Johach
Walpersdorfer Str. 13, D - 91126 Rednitzhembach
Tel.: 09122-72311

WILL-Hamburg/Schleswig-Holstein
c/o Dirk Fraenkel
Heinrich-Barth-Str. 7-9, D - 20146 Hamburg
Tel.: 040-446035

WILL-London
c/o Barbara Pokorny
28, Glendale Gdns, GB-Wembley-Middx. HA 98 PS
Tel.: 0044-81-9047878

WILL-Luxemburg
c/o Ern Jacoby
21, rue d'Olm, L - 8281 Kehlen
Tel.: 00352/30380

WILL-München
c/o Elisabeth Koch
Grabmannstr. 19, D - 81476 München
Tel.: 089-7596122

WILL-Niedersachsen
c/o Monika Felchner-Koch
Theodor-Storm-Str. 43, D - 30827 Garbsen
Tel.: 05131-7132

TZI-Österreich
c/o Herta Plattner
Berggasse 14/32, A - 1090 Wien
Tel.: 00431-3106677

WILL-Polen
c/o Josef Szopinski
ul. Koncertowea 7/33, PL - 20-843 Lublin
Tel.: 0048-81-716853

WILL-Rheinland/Westfalen
c/o Marie-Alice Zedelius
Am Scheidt 6, D - 40629 Düsseldorf
Tel.: 0211-298053

WILL-Schweiz
c/o Stiftung Battenberg
Südstr. 55, CH - 2504 Biel
Tel.: 0041-32-419429

WILL-Württemberg
c/o Volker Eckert
Bubenhaldenstr. 64, D - 70469 Stuttgart
Tel.: 0711-850220

WILL-Einzelmitgliederverein
c/o Ruth Bloch
Friesenbergstr. 78, CH - 8055 Zürich
Tel.: 0041-1-4639031

Literaturempfehlungen

Nachfolgend geben wir einen Überblick über grundlegende Bücher zur Themenzentrierten Interaktion, die im Buchhandel erhältlich sind. Darüber hinaus verweisen wir auf die von uns herausgegebene ausführliche Bibliographie zur Themenzentrierten Interaktion. Sie enthält alle deutschsprachigen Titel zur Themenzentrierten Interaktion, die sowohl nach Autorinnen und Autoren als auch nach Themen (z.B. Schule, Postulate der TZI, gesellschaftspolitisches Anliegen) geordnet sind. Sie kann über das Sekretariat von WILL-International, St.-Alban-Rheinweg 222, CH - 4006 Basel bezogen werden.

Ruth C. Cohn: Von der Psychoanalyse zur Themenzentrierten Interaktion. Von der Behandlung einzelner zu einer Pädagogik für alle. Stuttgart: Klett-Cotta 1975 (11. Auflage 1992), 243 S.

Diese Sammlung von Aufsätzen aus den Jahren 1950 - 1975 ist eine erste Zusammenstellung TZI relevanter Texte von Ruth C. Cohn. Mittlerweile in 11. Auflage erschienen, gibt dieses Buch einen anschaulichen Einblick in die pädagogisch-therapeutische Arbeit von Ruth C. Cohn.

Ruth C. Cohn/Alfred Farau: Gelebte Geschichte der Psychotherapie. Zwei Perspektiven. Stuttgart: Klett-Cotta 1984 (4. Auflage 1993), 651 S.

Ein hervorragendes Buch, an dem Ruth C. Cohn viele Jahre intensiv gearbeitet hat. Ausgehend von dem hinterlassenen Manuskriptmaterial des Wiener Psychoanalytikers Alfred Farau stellt sie die Entwicklungsgeschichte der Psychoanalyse und der Psychotherapie aus dessen und ihrer eigenen Perspektiven sehr lebendig dar. Ruth C. Cohn beschreibt auf faszinierende Weise die Entstehungsgeschichte und das Konzept der Themenzentrierten Interaktion und setzt sich intensiv mit der Frage auseinander, wie das psychologisch und gesellschaftlich notwendige Gemeinschaftsgefühl angesichts globaler Krisen gefördert werden kann.

Ruth C. Cohn: Es geht ums Anteilnehmen ...
Perspektiven der Persönlichkeitsentfaltung in der Gesellschaft der Jahrtausendwende. Freiburg: Herder 1989 (2. erweiterte Auflage 1993), 207 S.

Das Buch enthält Gespräche, Interviews, Artikel und ein Gedicht von Ruth C. Cohn, in denen sie die unterschiedlichen Anwendungsbereiche der TZI vorstellt. In diesem leicht lesbaren Buch wird die leidenschaftliche Anteilnahme von Ruth C. Cohn am Zeitgeschehen und ihr gesellschaftspolitisches Anliegen deutlich.

Ruth C. Cohn/Christina Terfurth Christina (Hrsg.) Lebendiges Lehren und Lernen. TZI macht Schule. Stuttgart: Klett-Cotta 1993, 404 S.

Konkrete Unterrichtsbeispiele aus verschiedenen Schulen sowie theoretische Beiträge zu Themen des lebendigen Lehrens und Lernens machen das Buch zu einer reichen Fundgrube für Lehrende aller Schularten aber auch für Dozierende in der Erwachsenenbildung und an der Universität.

Mattias Kroeger: Themenzentrierte Seelsorge. Über die Kombination Klientenzentrierter und Themenzentrierter Arbeit nach Carl R. Rogers und Ruth C. Cohn in Theologie und schulischer Gruppenarbeit. Stuttgart: Kohlhammer 1973 (4. Auflage 1989), 275 S.

Dieses Buch führt in zwei Grundmethoden sozial-kommunikativer Arbeit ein und behandelt theologische und gesellschaftspolititsche Fragestellungen. Das Modell der TZI wurde mit der ersten Auflage dieses Buches in Deutschland erstmals monographisch dargestellt.

Barbara Langmaack: Themenzentrierte Interaktion. Einführende Texte rund ums Dreieck. Weinheim: Psychologie Verlags Union 1991, 173 S.

Das Buch enthält einführende Texte, in denen die Grundlagen der TZI allgemeinverständlich und übersichtlich dargestellt werden. Neben Fallgeschichten und Beispielen aus der eigenen Praxis sind zusätzlich Beiträge von Renate Mann, Konrad Thomas und Ulrike Rietz mitaufgenommen.

Cornelia Löhmer/Rüdiger Standhardt (Hrsg.): TZI. Pädagogisch-therapeutische Gruppenarbeit nach Ruth C. Cohn. Stuttgart: Klett-Cotta 1992 (3. erweiterte Auflage 1994), 480 S.

In diesem Buch geben führende Gruppenleiterinnen und Gruppenleiter der TZI eine umfassende Darstellung der theoretischen und praktischen Grundlagen der TZI. Konzeptionelle Fragestellungen, Weiterentwicklungen und Erfahrung aus verschiedenen Arbeitsfeldern werden reflektiert und kritische Anfragen an das Modell der TZI gestellt. Ein solider Praxisleitfaden rundet die Veröffentlichung ab.

Buchreihe „Aspekte Themenzentrierter Interaktion", herausgegeben von Karin Hahn, Marianne Schraut, Klaus Schütz und Christel Wagner:

1. Rolf Birmelin u.a. (Hrsg.): Erfahrungen lebendigen Lernens. Grundlagen und Arbeitsfelder der TZI. Mainz: Grünewald 1985 (2. Auflage 1990), 194 S.

2. Karin Hahn u.a. (Hrsg.): Gruppenarbeit: themenzentriert. Entwicklungsgeschichte, Kritik und Methodenreflexion. Mainz: Grnewald 1987 (2. Auflage 1993), 160 S.

3. Helga Belz (Hrsg.): Auf dem Weg zur arbeitsfähigen Gruppe. Kooperationskonzept von Helga Belz - Prozeßberichte aus TZI-Gruppen. Mainz: Grünewald 1988 (2. Auflage 1992), 132 S.

4. Karin Hahn u.a. (Hrsg.): „Beachte die Körpersignale..." Körpererfahrung in der Gruppenarbeit. Mainz: Grünewald 1991, 219 S.

5. Eike Rubner (Hrsg.): Störungen als Beitrag zum Gruppengeschehen. Zum Verständnis des Störungspostulats der TZI in Gruppen. Mainz: Grünewald 1992, 73 S.

6. Ruth C. Cohn/Irene Klein: Großgruppen gestalten mit Themenzentrierter Interaktion. Ein Weg zur lebendigen Balance zwischen Einzelnen, Aufgaben und Gruppe. Mainz: Grünewald 1993, 155 S.

7. Rüdiger Standhardt/Cornelia Löhmer (Hrsg.): Zur Tat befreien. Gesellschaftspolitische Perspektiven der TZI-Gruppenarbeit. Mainz: Grünewald 1994, 200 S.

Themenzentrierte Interaktion: Mainz: Grünewald
Seit 1987 erscheint halbjährlich die von WILL-International herausgegebene Zeitschrift *Themenzentrierte Interaktion*. Diese Zeitschrift ist ein Forum der kritisch prüfenden und weiterführenden Reflexion, sie gibt Anregungen zum konkreten Handeln und sucht darüber hinaus den Austausch mit anderen gruppenpädagogischen und -therapeutischen Ansätzen. Die inhaltliche Vielfalt wird durch die Rubriken: theoretische und allgemeine Beiträge, Aufgelesenes, Beiträge aus der Praxis, Buchbebesprechungen, Diskussion, Mitteilungen von und für WILL-International, Bibliographie zur TZI deutlich.

Weitere Bücher aus unserem Ratgeber-Programm